© 2025 Sebastián Sann. Todos os direitos reservados.
Nenhuma parte desta publicação pode ser reproduzida, armazenada ou transmitida de qualquer forma ou por qualquer meio — seja eletrônico, mecânico, fotocópia, gravação, digitalização ou qualquer outro — sem a prévia autorização por escrito do autor, exceto breves citações utilizadas para fins de crítica, resenha ou comentário, conforme permitido por lei.

Este livro está protegido pelas leis internacionais de direitos autorais. O conteúdo, as ideias e as expressões aqui contidas pertencem exclusivamente ao seu autor. Qualquer uso não autorizado, reprodução parcial ou total ou distribuição do conteúdo será considerado uma violação dos direitos de propriedade intelectual.

Para permissões especiais, colaborações, traduções ou licenças comerciais, entre em contacto com:
interno@conscienciadisruptiva.com

CONHEÇA
A ÚNICA
VERDADE

SEBASTIAN SANN

Aviso legal

A Única Verdade não é uma religião. A verdade é uma experiência que permaneceu enterrada por anos de medo.

A verdade é algo que todos podemos viver quando a reivindicamos como nosso direito divino. Graças a este livro, muitas pessoas lembraram-se do seu poder.

Glória a Deus nas alturas.

*Para quem ainda não acredita em nada,
mas está a ler isto.*

ÍNDICE

ÍNDICE 7
COMO LER ESTE LIVRO 11
INTRODUÇÃO 15

CAPÍTULO 1
JOGANDO NA MATRIZ 19
   A VERDADEIRA VERDADE 20
      PARADA 1: DESTRUINDO O CARÁTER 22
      STOP 2: A ARTE DO DESAPEGO 28
      STOP 3: CRIANDO O PERSONAGEM 33
      STOP 4: O ÚNICO PROPÓSITO DO SER HUMANO ... 40
      STOP 5: A AÇÃO INSPIRA A FÉ 72
      PARADA 6: PRINCÍPIOS ELEVADOS DE MANIFESTAÇÃO ... 77
      STOP 7: ELEVANDO O NÍVEL DE CONSCIÊNCIA 85
      STOP 8: ADQUIRINDO O ÚNICO
      PROPÓSITO NECESSÁRIO 89
      STOP 9: VIVER EM ALINHAMENTO ABSOLUTO 93

CAPÍTULO 2
DESCUBRIENDO LA MATRIZ 101

PARTE 1: É HORA DE ACORDAR 103
   O CONTROLO DA HUMANIDADE 104
   É ASSIM QUE «ELES» GANHAM DINHEIRO 108
   AS 4 FORMAS DE ESCOLHER: MEDO OU AMOR 111
   SERES ILIMITADOS A JOGAR UMA
   EXPERIÊNCIA LIMITADA 114
   O HOMEM QUE CUROU 16 PACIENTES DE CÂNCER
   COM FREQUÊNCIA E VIBRAÇÃO.. 117
   NÃO É O COMPRIMIDO QUE O CURA,
   É A SUA PERCEPÇÃO 123
   O NEGÓCIO DE MANTER-TE DOENTE 128
   A DOENÇA É UMA ILUSÃO 135
   DESBLOQUEANDO SUA CAPACIDADE INATA DE CURA....138

PARTE 2: ACENDENDO A LÂMPADA NO ESCONDERO...142
   PROVAS IRREFUTÁVEIS SOBRE QUEM SOMOS..................... 143
   OS ANTEPASSADOS DE TODA A HUMANIDADE................. 148
   JÁ ESTAMOS A REESCREVER A HISTÓRIA 152
   A MULHER DE QUASE 8 METROS DE ALTURA 152
   GIGANTES CONVIVEM CONNOSCO
   (INFORMAÇÃO CENSURADA).. 154
   ADEUS, MISTÉRIO UFOLÓGICO 156
   A TECNOLOGIA NÃO HUMANA É UM ESPELHO
   PARA A HUMANIDADE ADORMECIDA..157
   A TECNOLOGIA ANTIGRAVIDADE 158
   ALIENÍGENAS NO LAGO MAIS PROFUNDO DA TERRA.......163
   FOTOGRAFIAS CLARAS DE OSNIS SAINDO DA ÁGUA
   QUE FORAM CENSURADAS 166
   DEUS, O DIVINO E O EXTRATERRESTRE
   ESTÃO INTERLIGADOS.. 171
   A VERDADE NÃO ESTÁ LÁ FORA..175

CAPÍTULO 3
TRANSCENDENDO A MATRIZ 179
    A UNIÃO ABSOLUTA 180
    O LIMITE DOS NOSSOS SENTIDOS 180
    O PARADOXO DA REALIDADE 181
    A PARTE CONTÉM O TODO 182
    A MÚSICA DAS ESTRELAS 182
    DESBLOQUEANDO UMA MENTALIDADE INFINITA 184
    CO-CRIANDO A EXPERIÊNCIA 185
    VOCÊ ESCREVEU ESTE LIVRO 185
    TUDO O QUE VÊ DEPENDE DE SI 186
    NÃO SABER TUDO É LEMBRAR-SE DE TUDO 187
    SOMBRAS DA REALIDADE 187
    A VERDADE JÁ ESTÁ EM TI 192
    A VERDADE DE DEUS 192
    NADA É POR ACASO 193
    O MUNDO FOI CRIADO A PARTIR DA VIBRAÇÃO 195
    QUEM É DEUS E ONDE ESTÁ? 222
    O MUNDO DE DEUS É O ÚNICO REAL 224
    EU SOU DEUS, VOCÊ É DEUS 225

A VERDADE FINAL 229
NÃO ESTAMOS SEPARADOS 231
O CAMINHO NÃO TERMINA AQUI 235
MAIS LIVROS DO AUTOR 237
MATERIAL COMPLEMENTAR PARA
O SEU DESENVOLVIMENTO 239

COMO LER ESTE LIVRO

Existem milhões de livros, milhões de formas, milhões de experiências e milhões de dados informativos. Mas nada disso se transforma se não houver um contexto claro que sustente o conteúdo. Qualquer ação sem intenção e propósito definidos só leva ao desvio.

Ler este livro não é um ato inconsciente ou casual. Não basta folheá-lo. Se o seu compromisso está acima da curiosidade e do ego, vou dizer-lhe exatamente como lê-lo. A partir deste ponto, a sua experiência dependerá inteiramente de si.

Conheça a Única Verdade é composto por três partes essenciais, organizadas em capítulos e subcapítulos:

1. *Jogando na Matrix* (o despertar do Ser e o propósito)

2. *Descobrindo a Matrix* (o reconhecimento do sistema e seus mecanismos)

3. *Transcendendo a Matrix* (a fusão com a Verdade eterna)

A ordem não deve ser alterada. Não é um livro para ler de trás para frente, nem para pular páginas aleatoriamente. Conhecer a verdade é um processo de desprogramação progressiva, que remove camada por camada o que cobre o seu verdadeiro Ser.

Pular uma seção não apenas interromperá esse processo, mas poderá distorcê-lo.

Por ser um livro introspectivo, é necessário estar em introspecção enquanto o lê para sintonizar com a energia aqui contida. Recomendo que o leia com música de alta frequência de fundo. Algumas opções que pode encontrar no YouTube ou Spotify:

- Música celta
- Taças tibetanas
- Handpan
- Música com mantras
- Orquestra de 300 violinos
- Orquestras em geral
- Frequências Solfeggio
- Sons da Mãe Terra
- Música cerimonial (ayahuasca, medicina ancestral)
- Música cristã

Além disso, estabeleça uma prática fundamental: **determinação e compromisso absoluto com o seu tempo de leitura**. Escolha um período de tempo específico e respeite-o. Nem mais, nem menos. Isso treinará a sua mente para o foco e a responsabilidade.

Conheça a Única Verdade não é um livro para ser lido de uma só vez. Não é um livro para ser terminado num dia. Leve-o consigo pelo tempo que precisar. A minha recomendação: um período de pelo menos 30 dias de leitura pausada e reflexiva, sublinhando, relendo e deixando a informação penetrar em si.

A informação deste livro deve ser partilhada imediatamente. Isso significa que, quando terminar a sua leitura, passará para **o modo Dar**. Só quando partilhamos o que aprendemos é que o expandimos n m nós mesmos. Pode fazê-lo gravando um vídeo reflexivo, tirando uma foto de uma página que o impressionou e comentando-a, ou enviando uma mensagem a alguém próximo sobre o que leu. O canal não importa. O importante é a ação. A informação que não é partilhada fica estagnada e, como a água estagnada, apodrece.

Este livro também é complementado com os seus **Mandamentos**, uma filosofia de vida prática que o ajuda a viver a verdade no dia a dia. Este documento é entregue separadamente e deve ser usado da seguinte forma:

- **Antes de ler o livro.** Anote os seus pensamentos sobre cada mandamento.
- **Ao terminar de ler.** Reescreva as suas reflexões e compare-as com as iniciais.
- **Todos os dias.** Escolha um mandamento que ressoe com o seu momento de vida e coloque um lembrete no seu telemóvel para o ler a cada hora. Mantenha esta prática durante pelo menos 30 dias.

Que comece a nossa jornada de autodescoberta.

DIGITALIZE E DESCARREGUE

OS MANDAMENTOS DA VERDADE

Código que desbloqueia o recurso: **222**

(será necessário após criar a conta)

INTRODUÇÃO

Buscar a verdade parece ser uma inclinação natural dos seres humanos. Encontrá-la, por outro lado, é um privilégio reservado a poucos. Quando escrevi esta obra há alguns anos, o meu objetivo era convidar as pessoas a deixarem de buscar respostas apenas no mundo exterior, para começarem a viver uma existência mais serena, na qual a paz e o amor governassem os nossos corações todos os dias.

Conheça a Única Verdade foi se transformando, assim como a minha própria vida. Nesta nova edição, mudaram a ordem, as palavras e, acima de tudo, a intenção. Antes, o objetivo era despertar o mundo. Hoje, embora esse propósito permaneça, o objetivo é também tirar a venda dos nossos olhos para enxergar além do óbvio e, acima de tudo, despertar o mundo interior: o único espaço a partir do qual é possível ver uma verdadeira mudança no exterior.

Ao longo das minhas experiências, aprendi a reconhecer certas leis, padrões, crenças e ações que nos permitem ir além do que alcançamos com os olhos do ego. Descobri como fazer com que a vida conspire a nosso favor e nos ofereça o que desejamos. E também algo libertador: tudo o que vejo, fui eu que criei. Isso inclui o que chamamos de "matriz" ou "sistema". Pode parecer místico, mas não é.

A minha intenção com este livro é que compreenda que nunca esteve separado da verdade, embora para chegar a ela tenhamos de nos aprofundar em conceitos que a mente racional nem sempre consegue abranger.

Durante muito tempo, ouvimos a voz do ego que nos sussurra que «lá fora» há alguém que tem o controlo. Mas chegou a hora de investir tempo na verdade. Neste plano terreno, existem apenas dois caminhos: deixar-se dominar pelo ego (associado ao diabo, à negatividade) ou permitir que seja Deus — a Divindade, a consciência superior, a positividade — quem nos guie.

Na versão anterior deste livro, mencionei que existiam muitas verdades. E é verdade, elas existem. Mas nenhuma delas é a única. Hoje, este texto procura impregnar quem o ler com essa Verdade que não admite ambiguidades.

A dúvida, a incerteza e a desconfiança apenas nos fizeram andar à deriva, sem rumo, especialmente quando a adversidade bate à porta. A cada página deste livro, você voltará ao único lugar onde sempre esteve: o aqui e agora.

Vamos nos aprofundar em conceitos profundos e espirituais, mas também em aspectos práticos e mundanos. Você descobrirá que o mundo exterior e o interior se complementam intimamente na hora de construir uma vida de alegria ou de sofrimento. E que nós, seres humanos, temos um superpoder, quase sempre mal aproveitado: a decisão.

Conheça a Única Verdade pretende ajudá-lo a reconhecer o que sempre esteve dentro de si: esse poder inato que preferimos não ver, ou que desviamos para propósitos alheios à nossa verdadeira essência. Chegou a hora de priorizar o amor acima de tudo. Chegou a hora de lembrar que todos somos um.

Antes de continuar, convido-o a respirar fundo e a libertar-se de qualquer expectativa: em relação a mim, a este livro ou à própria verdade . Ao ler a primeira parte, compreenderá a profunda diferença entre depositar expectativas em algo e semear intenção. A maioria deposita as suas ilusões no exterior, e isso só traz dor.

O primeiro passo será retirar o véu que existe entre si e a realidade. Não o faremos de uma só vez, porque arrancar uma venda que esteve por tanto tempo pode ser doloroso e cegante. O ego — aquela voz interna, tagarela e limitante — começaremos a usá-lo a nosso favor, em vez de contra nós. Descobrirá como ele tem governado silenciosamente os seus dias e como pode transformá-lo em aliado para criar uma nova vida e uma nova realidade.

Quando finalmente dermos o salto e a venda cair em grande parte, poderemos avançar. Se o fizéssemos antes, a mente voltaria a encher-se de dúvidas e confusão, reforçando ainda mais o véu que cobre este mundo que, para a maioria das pessoas, parece ser «o real». Aqui compreenderá porque não é, e porque acreditar nisso o manteve a viver abaixo do seu verdadeiro potencial.

Quando olhar para a vida sem a venda que hoje cobre a sua realidade, não só começará a entender, mas também a compreender de forma e . O entendimento pertence ao raciocínio; a compreensão, por outro lado, envolve um sentimento profundo que revela que a verdade sempre fez parte de si.

Nesta etapa, o seu ego começará a juntar as peças, a sentir, a refletir e a questionar aquilo que, desde o seu nascimento, considerou real. Esta é a secção mais pragmática do livro e talvez a mais desafiante para alguns. No entanto, ao contemplá-la sem a venda que antes usava, será libertadora e profundamente transformadora.

À medida que avançamos nesta viagem, os limites começarão a desaparecer e as barreiras cairão uma a uma, como peças de dominó.

Com esta obra que agora tem nas suas mãos, convido-o a honrá-la, respeitá-la e tratá-la como o que realmente é: uma extensão de si mesmo. O que continuará a ler, sentir e experimentar pertence-lhe, e nesse reconhecimento começa o caminho para a Única Verdade.

CAPÍTULO 1
JOGANDO NA MATRIZ

A VERDADEIRA VERDADE

"Alguma vez sentiu que conhecia a verdade, mas não conseguia vivê-la?

A Matrix não é digital, é emocional. Estabelecer as bases da verdade é o que nos permitirá sustentar um conteúdo poderoso. Nós, seres humanos, estamos a jogar um jogo dual. O problema é que muitos nem sabem que estão num jogo, e outros jogam sem conhecer as regras. Há aqueles que se consideram grandes mestres, mas ficam zangados com os outros. Outros dizem ser grandes alunos, mas ficam irritados quando são corrigidos.

A dualidade é o oposto do que nos ensinaram: não é separação, é união. Nós a dividimos apenas para poder explicá-la com palavras, mas, ao olhar mais de perto, revela-se que não são duas coisas distintas, mas uma única vista de dois ângulos. Luz e sombra, vida e morte, prazer e dor... tudo faz parte do mesmo batimento cardíaco.

Pense nisso assim: para poder ler este livro, antes você tinha que não estar lendo. Se você apenas lesse sem estar consciente do que não tinha lido antes, não poderia percebê-lo. Parece paradoxal, mas precisamente esse paradoxo revela uma verdade mais profunda: tudo acontece ao mesmo tempo, embora apenas percebamos uma porção microscópica do Todo.

O que chama de «sua realidade» é apenas o eco do que a sua percepção limitada pode suportar sem entrar em colapso. Essa venda que usa não lhe permitiu ver as coisas como elas são, mas a sua própria existência implica que houve um instante — embora fugaz — em que não a usava. Essa memória escondida na sua alma é o que o trouxe até aqui.

Quando uma pessoa deixa de viver escravizada por uma única polaridade e compreende que cada lado da moeda contém o outro, os seus limites começam a desmoronar-se um a um. Compreender o mundo em que se encontra não é opcional: é o primeiro passo real para escolher algo diferente e, consequentemente, desprogramar-se.

Pense por um momento: e se o sistema que o controla foi você mesmo que programou sem perceber? Esta não é apenas uma pergunta provocativa. É um convite e um e direta para começar a desativar o piloto automático. Esse sistema de pensamento que guia absolutamente tudo na sua vida e que o faz sem que você perceba.

Iremos passo a passo para remover as crenças que hoje estão a impedir o que é. São como pedras carregadas na alma, e é urgente libertá-las. No final do livro, não restará nenhuma. Mas agora, há trabalho a fazer.

Temos a tendência de acreditar que precisamos de acrescentar coisas à nossa vida: mais objetos, mais atividades, mais conhecimentos, mais validações. No entanto, o paradoxo é que lembrar quem é não se trata de acumular, mas de soltar.

Um dos segredos mais profundos que pode integrar agora é que não veio para se apegar, mas para libertar. Não está aqui para acumular, mas para soltar. O verdadeiro trabalho neste jogo é o desapego. Isso não significa que não vai «ter» coisas (como verá mais adiante, veio para administrar, não para possuir), mas sim que deve desenvolver astúcia suficiente para que as coisas que tem não o possuam.

E não, isso não faz parte de uma nova tendência que pretende que nada importe. Pelo contrário: faz parte de um caminho autêntico e e , onde reconhece os seus apegos, mas compreende que é muito mais do que eles.

Este livro não nasceu para melhorar o seu caráter. Nasceu para destruí-lo. E a primeira coisa que faremos nesta jornada é exatamente isso.

PARADA 1: DESTRUINDO O CARÁTER

«A parte de si que treme de medo deve sofrer uma espécie de crucificação para que a parte de si que merece uma honra maior passe por uma espécie de reencarnação.»

Em muitos circos do mundo, os elefantes adultos permanecem amarrados a uma simples estaca cravada no chão. Não há correntes pesadas nem jaulas de aço. Apenas uma corda fina, mal esticada, que qualquer um pensaria que poderia ser facilmente quebrada. Mas eles não o fazem. Não fogem. Nem sequer tentam. O que se passa?

A resposta está no passado.

Quando esses elefantes eram pequenos, prendiam-nos com essa mesma corda. Naquela época, eles não tinham força suficiente para se libertar, embora tentassem com todas as suas forças. Dia após dia, lutavam contra esse limite... até que, ap , após muitas tentativas falhadas, simplesmente desistiram de tentar.

Quando eram pequenos e inconscientes, foi-lhes incutida a crença de que fugir era impossível.

Com o passar do tempo, o seu corpo cresceu, mas a sua crença não mudou. Assim, quando já eram fortes o suficiente para se libertarem sem esforço, não o faziam. Já não tentavam porque continuavam convencidos de que era inútil. A corda já não os prendia... o que os mantinha prisioneiros era a sua mente.

> *«O que semeaste no passado é o que colhes no presente. O que semeias no presente colherás no futuro.»*

Muitos acreditam que despertar é acumular frases inspiradoras, meditar ou comer de forma saudável. Mas o verdadeiro despertar começa quando enfrentamos o que não queremos ver em nós mesmos. É justamente na nossa parte mais sombria, nos nossos medos, que se encontra o maior potencial de crescimento.

Aquilo que é conhecido como "a sombra" — ou, psicologicamente, "o inconsciente" — guarda os nossos segredos mais profundos e também o nosso maior poder oculto.

Durante algum tempo, fiz uma série no Instagram chamada *Os falsos espirituais*. Respondia aos comentários com reflexões diretas, com o objetivo de mostrar os mecanismos inconscientes que muitos defendem como se fossem verdade. O curioso foi que a maioria se ofendeu instantaneamente. Não porque o que eu dizia fosse violento, mas porque tocava uma parte da sua personalidade que não estavam prontos para libertar.

Essa série deixou-me duas lições:

1. As respostas não eram para eles, eram para mim.

2. As respostas não eram para todos, mas para aqueles que se atreviam a olhar além do ego.

Desde então, compreendi algo que vou dizer sem rodeios: não me importa quem você pensa que é. Vai deixar isso para trás agora mesmo.

Porque sei o que realmente deseja. Quer a verdade, mas também uma vida mais plena. Talvez formar uma família, melhorar a sua relação, ganhar mais dinheiro ou aprender a desfrutar do que tem sem culpa. Talvez queira deixar de sobreviver e começar a viver. Não importa o detalhe. O que importa é que aquilo que procura não vai encontrar sendo quem tem sido até agora.

E não está sozinho. Todos nós, em algum momento, jogamos o mesmo jogo. Acreditávamos que o personagem era real. Identificávamo-nos com o que temos, com o que pensamos, com o que nos magoou, com o que fizemos de errado. E a partir daí construímos uma identidade limitada.

O problema não é que ela seja falsa. O problema é que ela está incompleta. E o incompleto, quando defendido como verdade, torna-se uma prisão.

Esse personagem é formado por crenças inconscientes, padrões herdados, ideias emprestadas e dores não resolvidas. Vive preso no que chamo de *Lado Inativo*: o lado da dor, da queixa, da culpa, do castigo, da escassez e do medo. É o lado da vida onde o ego reina, mesmo que se disfarce de espiritualidade ou de boas intenções.

Mas também existe o Lado Ativo do Infinito. Um espaço onde acede à sua verdadeira identidade, onde se se alinha com Deus, com a Fonte, com a Verdade. Um espaço onde a vida não é reagida, é criada.

A diferença entre um lado e outro? A escolha. Só que não pode escolher se não tirar a venda. E essa venda é o personagem. Por isso, a primeira coisa que vamos fazer é destruí-lo. Porque, se não o fizer, tudo o que ler neste livro será interpretado a partir dessa prisão. E não quero isso para si.

Portanto, aqui vai a primeira grande pergunta: está disposto a deixar de ser quem pensa que é?

Se a sua resposta for sim, então já escolheu. E quando se escolhe com a alma, a realidade muda.

Por isso, antes de avançar, quero pedir-lhe que solte o seguinte. Não é um castigo, é um ato de libertação. Faremos isso para nos sintonizarmos com a verdade. Nenhum ser humano pode se conectar com a Fonte se não a assistir ativamente. E a Fonte está conosco agora mesmo; não vê-la é justamente o problema.

Por essa razão, nesta primeira instância, você começará a viver a verdade. Porque a verdade não se encontra, ela se vive. E para isso, o nosso trabalho é soltar o peso, tirar a venda dos olhos e dar o passo real.

É desconfortável? Sim.

Não vai querer fazê-lo? Talvez.

Isso o levará a outro nível de compreensão? Sem dúvida.

COISAS QUE VAI DEIXAR A PARTIR DE HOJE

- **Vícios** (pornografia, videojogos, cigarro ou qualquer hábito que lhe roube energia).

- **Drogas** (álcool, maconha ou qualquer substância que o tire do seu equilíbrio).

- **Julgamento dos outros** (já não é juiz de ninguém).

- **Ambientes limitantes** (roupas velhas, lugares estagnados, pessoas que drenam a sua energia).

- **Alimentos tóxicos** (pare de envenenar o seu corpo, mente e alma com produtos processados e químicos).

- **Ambientes de baixa vibração** (festas vazias, gritos, consumo de medo).

- **Redes sociais tóxicas** (pare de seguir aqueles que não elevam a sua consciência).

- **Noticiários** (programados para enchê-lo de medo e distração).

Por que isso é necessário?

Porque uma pessoa intoxicada não consegue ver nada, nem fora nem dentro. Se quer conhecer a verdade, primeiro deve limpar-se de tudo o que não lhe permite ver. Não fazer isso seria como querer avançar com o para-brisas todo riscado ou cheio de sujeira. Primeiro limpamos, depois avançamos com clareza, convicção e segurança.

Se esperava que eu lhe entregasse aqui uma verdade pronta a usar, enganou-se de autor e de livro.

Não vim para lhe dar uma verdade. Vim para guiá-lo para que descubra a Única Verdade por si mesmo. E isso não se consegue acumulando frases, teorias conspirativas ou conhecimentos. Consegue-se soltando camadas até que o seu verdadeiro Ser, esse «Eu» elevado, emerja.

Mais tarde falaremos sobre isso. Por enquanto, considere isto como uma purificação inicial. Um ato simbólico. Um renascimento.

Se algo do que ler o incomodar, se achar que não deveria fazer isso ou que não é necessário, faça a si mesmo uma pergunta sincera:

Estou a ler este livro para aprender ou para reafirmar o que acredito saber?

Na minha opinião, não faz sentido ler um livro achando que já tem todas as respostas, porque assim só vai reforçar a sua arrogância e falta de humildade. Se decidiu comprar este livro ou dedicar o seu tempo a lê-lo porque sente que ele pode ajudar a mudar a sua vida, o mínimo é entrar num estado recetivo, deixar-se guiar e fazer com que o seu tempo investido realmente valha a pena.

Quantas pessoas compram cursos, livros, formações, retiros, vão a eventos... e depois a sua vida continua exatamente igual? Já se perguntou isso? Eu sim. Muitas vezes. E vivi isso na minha própria pele no início da minha «busca pelo conhecimento». Consumia informação sem aplicação, esperando descobrir algo novo que transformasse a minha vida. Mas nada mudava, porque o essencial — eu, como criador — não mudava. A minha atitude ao ouvir mentores ou autores era arrogante, partindo do princípio de que «eu já sei». E quando se está nessa posição, o tanque do conhecimento fecha-se. Nada mais entra.

Portanto, se vai continuar a ler, esvazie o tanque. Invista o seu tempo sabiamente e permita-se ser guiado porque...

> *«A fé sem ação é fé morta.»*

Dito isto, continuemos com esta purificação e alinhamento, libertando desde o mais profundo até ao mais supérfluo que neste momento ronda na sua mente.

A verdade começou forte, sim. Mas não se assuste: se este livro chegou às suas mãos é porque você já está preparado para lê-lo. Você já está preparado para receber todas as informações e instruções para que essa "mudança" que você certamente pediu ao universo comece de uma vez por todas a se concretizar. Caso contrário, você nunca teria cruzado o seu caminho.

STOP 2: A ARTE DO DESAPEGO

Poucos dominam esta arte, mas ela é uma das mais importantes para sustentar qualquer outra. Curioso, não é? A arte do desapego — a arte de soltar — é, paradoxalmente, a que mais nos permite sustentar.

Com o tempo, fui descobrindo uma filosofia muito simples: se não quer que nada o possua, não possua nada. E se algo chegar à sua vida, entenda que você está apenas administrando isso por um tempo.

Mas espere... não estou a dizer o que você está a pensar.

Não possuir não significa que não pode comprar aquele carro, aquela casa, ou que tem de ir viver como um monge no Himalaia ou tornar-se um hippie na Índia.

Em 2024, atraí para a minha vida um Porsche Cayman S, um carro desportivo lindo que marcou um antes e um depois no meu caminho. Mas não foi pelo óbvio — não foi por me tornar a primeira pessoa da minha cidade e arredores a ter um carro desportivo desse calibre estacionado em casa todos os dias — mas porque esse carro trouxe à tona os meus apegos, os meus limites e os meus medos como nada mais tinha feito antes.

Nos primeiros dias em que o tive na minha garagem, comecei a notar como me apegava cada vez mais aos detalhes: se ele arranhava, se tocava a parte de baixo ao andar, se ficava sujo... e um longo etc.

A minha intenção expansiva — transcender um medo e comprar um carro desportivo vivendo numa vila de 1500 habitantes, sendo um jovem escritor — estava a ser ofuscada pelo meu ego, que todos os dias me lembrava o quão «perigosa» era a minha decisão.

Quando percebi o que estava a acontecer, comecei a tomar medidas rapidamente. Primeiro, eu observava. Cada vez que aquela vozinha do medo aparecia com algum comentário negativo, eu a detectava e a entregava a Deus, dizendo coisas como: *"Se riscar, é porque tinha que riscar." "Se tocar na parte de baixo, é o que tinha que acontecer." "Eu o comprei para inspirar outras pessoas, não para que nada acontecesse com ele."*

Aos poucos, comecei a reeducar a minha mente. Deixei de viver em estado de alerta. Deixei de me proteger do mundo. E comecei a render-me a ele.

Fui substituindo os meus pensamentos destrutivos por pensamentos neutros, reais e também positivos. E foi a partir dessa mudança que a magia começou.

Comecei a partilhar vídeos do carro e do desapego nas redes sociais, e eles tornaram-se virais. No início, não entendia qual era o propósito que Deus tinha para mim com aquele carro. Mas depois de ver como tantos vídeos falando que o carro era um empréstimo de Deus, que eu estava a alugá-lo a Ele, que eu só o administrava por um tempo — entre outros títulos que usei — ressoavam com milhares de pessoas... eu vi claramente.

Um simples objeto de metal permitiu-me mostrar ao mundo uma forma de viver a partir do desapego. Uma forma real, conectada com a verdade universal e, consequentemente, com a Fonte Infinita, com a Consciência que sustenta tudo o que existe.

Eu sabia que estava apenas a administrá-lo. Mas às vezes nos convencemos de que as coisas deveriam durar mais. E é aí que voltamos a complicar a nossa vida: acreditando que o material nos dará a felicidade que buscamos... quando, na verdade, nada no mundo pode nos dar o que realmente buscamos: paz.

Sentiremos felicidade muitas vezes, com muitas coisas. Mas não é algo que dure ou se mantenha, porque é algo do mundo. A paz, por outro lado, não precisa de um motivo.

A forma de viver que irá aprender neste livro é inversa à do mundo. Vou mostrar-lhe a Verdade, precisamente para que possa viver nela.

Este processo começa com palavras e revelações como estas. Mas, uma vez que mergulhar neste caminho, será impossível voltar a ver a vida como antes.

Com tudo isso, não estou a dizer que não tenha coisas materiais. O que estou a dizer é que não acredite que elas são suas. E essa diferença muda tudo.

Quando compra um carro, sim, pragmaticamente ele é seu. Sem dúvida. Mas espiritualmente, a verdade é que não é: é apenas um empréstimo de Deus.

Por que o seu carro não é seu e é apenas um empréstimo de Deus? Porque a percepção que nos faz acreditar que algo é «nosso» só consegue ver o que os olhos mundanos captam, incapazes de perceber a realidade espiritual da situação: que tudo é obra de Deus.

A escuridão não é real, é apenas a ausência de luz. Portanto, o que você chama de "perda" em um determinado momento é apenas uma ilusão criada pela sua percepção, que lhe diz que algo estava lá e agora não está mais. Da mesma forma , o que você chama de "ganho" também é ilusão: você sente que tem algo porque antes não tinha.

Nenhuma das duas coisas é real. Elas só adquirem "realidade" aos olhos do ego. E o problema é que o ego se identifica com a forma, sem conseguir ver o que sustenta a forma. Esse é o véu que começamos a correr.

Para avançar e criar a personagem com a qual vamos jogar nesta Matrix e descobrir a Única Verdade, é fundamental soltar mais do que nos agarramos. E esse desapego não começa no exterior, mas no interior. Primeiro é ativado no plano espiritual e depois reflete-se no plano material.

Não se trata de viver sem ter, mas de aprender a ter sem que isso o possua. Não significa que não compre, desfrute ou use coisas; significa que, ao fazê-lo, lembre-se de que tudo o que chega à sua vida é temporário: um empréstimo que, mais cedo ou mais tarde, terá de devolver. Esse «algum momento» pode ser quando deixar este corpo, ou mesmo muito antes. Mas se a sua paz depende disso, então não é paz.

> *«O verdadeiro poder não está em reter, mas em soltar sem se perder. Porque a única coisa que realmente lhe pertence... é a sua escolha.»*

Este princípio não é simbólico. É uma forma de viver. E quando o encarna, estabelece a base que lhe permite sustentar o mundo exterior sem que este o derrube: um mundo interior sólido de abundância, onde o desapego deixa de ser um esforço e se torna uma filosofia básica, natural e libertadora.

Neste jogo, a única coisa permanente é a mudança. E se se apegar às coisas, assina um contrato direto com o sofrimento, porque no mundo exterior tudo está em constante movimento. Tudo muda, tudo se transforma, tudo passa.

Quando reconhece que a ideia de «isto é meu» é apenas uma crença, surge a oportunidade de transcender esse apego. E ao soltá-lo, abre-se espaço na sua vida para receber o que sempre quis, mas não mais a partir de um desejo vazio, mas da certeza interna de que isso lhe pertence... precisamente porque deixou de persegui-lo e se tornou alguém capaz de administrá-lo.

Não é a mesma coisa preencher um vazio que manifestar a partir da plenitude. Não é a mesma coisa esforçar-se para alcançar algo que atraí-lo a partir da sua vibração.

98% da população mundial corre atrás da cenoura o tempo todo. Eles empreendem «para serem livres», para ganhar dinheiro e comprar coisas. Estudam para conseguir um emprego, ganhar dinheiro e comprar coisas.

Sempre fazendo algo para obter algo, em vez de parar, olhar para dentro, abraçar o vazio, acender uma luz na escuridão, olhar para a sombra e preenchê-la com Presença. E aí está a chave. Não no esforço, mas na entrega. Não no controle, mas na rendição.

Vamos continuar.

Vamos passar para a próxima fase: criar a personagem que jogará este jogo.

Na primeira etapa, focámo-nos em destruir a versão passada, olhando para ela com amor, compreensão e gratidão. Agora, o próximo nível é construir com propósito. Demos o primeiro passo. Agora daremos o terceiro. O segundo já foi dado por Deus.

STOP 3: CRIANDO O PERSONAGEM

"Você pode ser, fazer e ter tudo o que deseja na vida."

Esta frase marcou completamente a minha compreensão da «realidade». Parece simples, mas guarda o segredo mais importante com que nós, seres humanos, somos dotados: um segredo esquecido, distorcido por muitos e mal utilizado por tantos outros.

Nesta parte, terá um manual claro, preciso e direto sobre como ser o que sempre quis ser, como fazer o que sempre quis fazer e como ter o que sempre quis ter. Verá que não há nada de místico nisso, mas sim algo prático, simples e completamente alinhado com as leis universais. Basta pensar no seguinte:

> *«Quer acredite que não é possível, quer acredite que é, terá razão.»*

Agora aprenderá a jogar do lado positivo da vida. A jogar da mão de Deus, compreendendo a importância disso na hora de conseguir absolutamente tudo o que deseja.

Mas antes de criar o personagem que será necessário para tal tarefa, deixe-me revelar o que isso realmente significa. O personagem não é uma máscara nem uma versão artificial de si mesmo. É a expressão mais pura da sua alma encarnada nesta dimensão. É a ferramenta que usará para manifestar o seu propósito, expandir a sua consciência e servir o mundo.

Tenho a certeza de que, a esta altura, já deixou para trás muitos obstáculos, e se continua a ler é porque está realmente comprometido com a verdade. Então, vamos continuar a libertar a mente de falsas amarras.

Agora que largou hábitos e formas de agir negativas e tóxicas, podemos começar a adicionar novas maneiras de viver que estejam alinhadas com a evolução do seu Ser. Quando um ser humano se concentra no que o sustenta — a parte espiritual — a sua vida se transforma completamente. Mas para ver o que não se vê, precisamos aprender a olhar com novos olhos. À medida que a venda cai, surge uma forma de ver mais nítida, real e silenciosa, que sempre esteve lá, embora não a percebêssemos. Essa é a visão que sustenta tudo.

> *"O mundo exterior é criado à imagem e semelhança do mundo interior. Para que algo exista, primeiro precisa ser visto em algum lugar, e esse lugar é a mente."*

Ao criar a personagem, certifique-se de cumprir os pontos que indiquei anteriormente e de estar realmente comprometido com todos eles. Se não for o caso, não continue a ler este livro. Isto é muito contundente e sei que me arrisco ao dizê-lo desta forma, mas você veio em busca da verdade e esse é o nosso padrão. Sei que algumas coisas levarão mais tempo para serem abandonadas, mas se mantiver velhos hábitos de pensamento, se mantiver velhos comportamentos, se mantiver a mesma forma de se comunicar, não espere que o seu "Eu Verdadeiro" apareça. Se olhar profundamente, o que estamos a fazer é criar o recipiente para que a verdade flua. Não seguir os passos descritos desde o início só irá confundir ainda mais a sua mente. Este não é um livro para entreter o seu ego, mas para transcendê-lo. Sei que é difícil ler estas linhas, mas o mais doloroso é manter uma identidade baseada no medo e e que o separa cada dia um pouco mais do que realmente É e de tudo o que pode fazer ou ter.

Lembre-se: temos que tornar consciente o inconsciente. E para conseguir isso, a ferramenta é soltar o que acreditávamos ser, desapegar-nos dessa versão limitada que já não nos representa. Muitas pessoas se concentram apenas em obter, e isso apenas reafirma o vazio que sentem. É por isso que insisto tanto em nos livrarmos primeiro das camadas de medo que obscurecem a visão.

Este livro vai elevar o seu nível. Você descobrirá coisas deste mundo que poucos são capazes de tolerar. Verdades incómodas. Segredos bem guardados. Revelações chocantes. Por isso, encare este processo inicial como uma purificação. Estamos a fazer uma verdadeira lavagem cerebral, mas não como a que o sistema fez, e sim uma lavagem interna, amorosa e libertadora.

Coisas que não gosta em si vão surgir. Aparecerão barreiras e limites que não tinha visto ou não sabia que tinha. Manifestar-se-ão resistências internas, conflitos por não querer seguir instruções, raiva disfarçada de ceticismo.

Conflitos como: *"Este livro não deveria falar sobre alienígenas, a elite oculta e conspirações? E agora você me diz que tenho que tirar a venda primeiro e ainda não me revela nada externo?"* Quem reclama é o seu ego. Cada vez mais você aprenderá a domesticá-lo e redirecioná-lo para a verdade. Esse é o objetivo, e é nisso que estamos a trabalhar.

Só lhe direi para não subestimar o que está a acontecer agora. Ler este livro está a gerar novas conexões no seu ser, e estamos apenas a começar.

> *"O que entra cria o que sai. É por isso que uma pessoa sábia não cuida apenas do que come, mas também do que ouve e do que lê."*

Agora deixe-me revelar algo importante: o que antes chamávamos de "Diabo" e "Deus" são apenas dois lados da mesma moeda. Eles são a mesma coisa, mas operam de maneira diferente. O Diabo é a parte que o adormece, que reforça a ilusão, que quer que você permaneça adormecido (polo negativo). Deus é a parte que o acende, que o lembra de quem você é, que lhe mostra que mesmo com a venda colocada você pode ver, ou que pode tirá-la quando quiser (polo positivo).

Simbolicamente, a «venda» representa pensamentos, crenças, emoções e padrões que obscurecem a sua visão. Que não o deixam ver o panorama completo, nem pensar fora da caixa, nem viver fora do guião. O simples facto de continuar a ler, compreender e aplicar o que lê faz com que essa venda se dissolva aos poucos.

Embora ainda tenha crenças e a venda não tenha desaparecido completamente, começará a sentir a verdade em cada poro do seu ser. Mesmo sem a ver. Porque a verdade não se vê, reconhece-se.

Além disso, deve entender que o que estou a mencionar não é algo novo nem oculto. Aqueles que estão no comando do sistema mundial sabem disso e usam-no. Os símbolos carregados de poder, as «coincidências» que na verdade não são... quem domina o jogo material não o faz porque domina a matéria, mas porque sabe usar a sua energia: os seus pensamentos. Pensa de forma alinhada com o que quer.

Ainda me lembro da primeira vez que tive um despertar espiritual — ou pelo menos é assim que eu chamo. Eu tinha planeado minha vida para ser piloto da Força Aérea Uruguaia, mas por razões técnicas fui expulso dessa possibilidade. Naquele ano, sentindo-me completamente perdido e sem rumo, comecei a procurar respostas no único lugar onde o sistema dizia que elas estavam: o dinheiro.

Se havia algo que eu tinha compreendido era que tudo girava em torno de estudar para depois conseguir um emprego, então pensei: «e se houver outra maneira?» Essa pergunta levou-me a procurar alternativas e, entre pesquisas, comecei a ver vídeos sobre como funcionava o sistema financeiro, sobre formas de ganhar dinheiro sem ir para a universidade, e pela primeira vez senti palpitar a palavra *empreendedorismo*.

Sim, o meu primeiro despertar de consciência foi financeiro. Comecei a ler livros sobre finanças espirituais, a aprender sobre economia mundial, imóveis, métodos para ganhar dinheiro na Internet e uma infinidade de outras coisas. O mais importante: a minha lavagem cerebral tinha começado. Desde então, nunca mais vi a vida da mesma forma. Mas, claro, sem perceber, comecei a perseguir um novo objetivo. Não era mais conseguir um emprego para ganhar dinheiro, agora era empreender para ganhar dinheiro. Apenas mudei o veículo, mas meu foco continuava sendo o **ter**.

Durante anos, tudo o que empreendi fracassou. Não conseguia gerar dinheiro com nenhum dos meus projetos, e a única coisa que fazia era aumentar a minha dívida no cartão de crédito que, naquela época, o meu pai me emprestava para as minhas despesas, em parte devido à minha ignorância e falta de autocontrole.

É claro que a história não termina aí. Depois de tantos tropeços, finalmente compreendi que devia parar de perseguir. Comecei a dedicar-me exclusivamente a criar a pessoa. A concentrar-me em mim, sem distrações, e a eliminar qualquer interferência que assombrasse os meus dias. Isso implicou afastar-me das pessoas que chamava de amigos, deixar de consumir notícias de baixa vibração e começar a cuidar absolutamente de tudo o que entrava no meu campo através dos sentidos.

Na primeira vez, o despertar foi externo. Vi a venda e quis arrancá-la com violência, apenas para colocar outra diferente. Nesta segunda ocasião, deixei de me concentrar na venda e olhei para dentro. A venda continuava lá, mas graças a cada compreensão, reflexão e adversidade que usei como aprendizado, fui criando um personagem real. O único possível: aquele que não persegue, aquele que está cheio, aquele que vibra em amor e aquele que se expande continuamente. O mesmo que estou a convidá-lo a criar agora.

Para criar a personagem nesta Matrix, usaremos esta fórmula como guia:

SER – FAZER – TER

Esta fórmula é a ponte entre o invisível e o visível, entre o que é e o que experimenta. Se a aplicar corretamente, poderá manifestar com integridade tudo o que a sua alma veio experimentar.

- **SER** representa o mundo interno das suas crenças atuais.
- **FAZER** representa o mundo interno das suas ações presentes.
- **TER** representa a sua realidade exterior, o que atraiu de acordo com o que pensou e fez na linha do tempo anterior.

Se colocarmos em perspetiva: uma pessoa (você) compra este livro (atrai-o para a sua vida). Depois, começa a lê-lo (**FAZER**). E, como consequência, obtém algo (**TER**). Substitua isto por qualquer exemplo que desejar e verá que funciona da mesma forma. Tudo o que temos é resultado do que fizemos, e tudo o que fizemos nasce de como pensamos que somos.

Quando ninguém nos ensina essa fórmula, acabamos invertendo: acreditamos que o que somos depende do que acontece lá fora (se está frio ou quente, se chove ou não), do que fazemos (se treinamos ou não, se comemos ou não) ou do que temos (se possuímos a verdade ou não). Essa postura — se prestou atenção — é a de alguém que joga do lado inativo: condicionado e arrastado pelo que acontece na vida. Uma pessoa desse lado reclama, justifica-se e desculpa-se continuamente. E, claro, recebe mais do mesmo, pois a sua energia é de reclamação, sofrimento e dor.

O que procuramos, na verdade, é inverter essa direção: ser aqueles que influenciam a vida, ao mesmo tempo que a vida nos influencia, nessa ordem. Ou seja, jogar do lado ativo do infinito.

Portanto, se **FAZER** e **TER** acabam sendo consequência do **SER**, não é lógico começar a alinhar as nossas ações com o nosso Ser para obter, consequentemente, um resultado diferente?

Ou seja, se tudo se trata de tornar consciente a parte «escura», então, através de ações elevadas, podemos conectar-nos com a nossa versão mais elevada: esse Ser que espera pacientemente que o usemos para se expandir na vida.

Sem ir mais longe, é isso que muitas vezes freia os seres humanos: eles pensam que não são capazes, que isso não é para eles, que vão fracassar. E é exatamente aí que o Diabo se insinua e a venda se cola novamente.

Para evitar isso, precisamos de um último conceito-chave antes de mostrar o passo a passo que seguirá a partir de hoje para deixar de cair nas tentações do Diabo.

STOP 4: O ÚNICO PROPÓSITO DO SER HUMANO

Acredita mesmo que uma pessoa focada pode sucumbir às trevas novamente? A resposta é sim, pode. Mas é muito menos provável que isso aconteça se mantiver a sua atenção no propósito da sua vida, de forma clara e contundente, a cada segundo.

Uma mente focada no seu propósito é uma ameaça para o diabo e para os súbditos do sistema.

Isso pode ser comprovado de uma maneira muito simples e prática: ande pela rua em um local cheio de gente. Enquanto caminha, fixe o olhar em um ponto distante, com atenção firme, e ande com segurança. O que acontecerá é que as pessoas começarão a abrir caminho para você. Parece incrível até você experimentar, e é aí que você entende que a ação infunde fé e, sem fé, não podemos alcançar nada (aprofundaremos isso mais adiante).

Por que isso acontece? Porque a sua mente cria a sua realidade. Se você está focado em uma coisa, é isso que você vai conseguir. Imagine a cena: você está caminhando com o olhar firme e focado, sem desvios, e as pessoas abrem caminho para você. O que para uma mente inativa seria um obstáculo, para quem joga do lado ativo do Infinito torna-se parte do fluxo. Sim, os obstáculos continuam existindo, mas você os atravessa com facilidade.

Este é um dos antídotos mais poderosos contra o diabo: a atenção. Embora mal utilizada, também é o que mais rapidamente pode levá-lo a cair nas suas redes.

Lembre-se sempre: quando escolhe, está em Deus, porque a escolha só é possível a partir de uma mente em certeza. A não escolha mantém-no na dúvida. A dúvida leva-o à incerteza, e a incerteza deixa-o à deriva. E é na deriva que está o diabo.

É como quando tem fome e abre a geladeira: se escolher comer uma maçã, você a come e fica satisfeito. Mas se ficar em dúvida entre a maçã, o biscoito ou o suco, você fica olhando sem decidir e, no final... sua fome aumenta à medida que aumentam as chances de você escolher a pior opção.

> «*A decisão alimenta. A dúvida congela.*»

Quando uma pessoa se perde à procura da verdade, em vez de a viver todos os dias, a sua vida torna-se mais lenta, cai em letargia e apenas espera por um milagre até ao dia da sua morte, sem nunca compreender que os milagres são o pão de cada dia quando se vive da Verdade e para a Verdade.

Por isso, à medida que avançarmos, deixará de andar à deriva. Compreenderá que, se quer a verdade, deve vivê-la a cada momento. Sim, vivê-la traz dor, mas não se preocupe: para si, alma que habita este corpo, não doerá nada. Quem sofrerá será o seu ego, que ainda guarda apegos. Mas a sua verdade, o que realmente é, não pode sofrer . A sua verdade espera ser vivida agora. E é exatamente isso que faremos.

Muitos entraram neste livro esperando que ele lhes revelasse o segredo do sistema. E sim, é isso que está a acontecer. Só que não do sistema que você pensava.

O sistema criado pela elite — com os seus meios de comunicação, governos, bancos, religiões e estruturas de controlo — foi concebido para manter 98% do mundo adormecido, preso a pensamentos negativos, medo e incerteza. Esse é o sistema visível, o externo, aquele que pode investigar, denunciar ou querer derrubar.

Mas há algo mais incómodo. Sinta por alguns segundos a resposta a esta pergunta que lhe virá à mente: **o que aconteceria**

se o verdadeiro sistema que sustenta esse sistema tivesse sido instalado por si mesmo sem se aperceber?

Não estou a dizer que você é um «deles». O que estou a dizer é que, ao adormecer, você aceitou as condições do jogo sem ler as regras. Cada vez que ligou a televisão, que obedeceu sem questionar, que desejou o que lhe disseram para desejar, que repetiu o que não compreendia... alimentou-o. Não criou a Matrix externa, mas fabricou a sua e compatibilidade com ela. Construiu uma cama perfeita dentro dessa prisão.

E é aqui que começa o que é realmente importante.

Compreendo a curiosidade de querer descobrir os fios ocultos do mundo. Eu também queria saber tudo. Mas quanto mais investigava, mais perguntas me surgiam. Até que compreendi que o verdadeiro sistema que devia desmantelar era o meu: o interno, aquele que cria a minha realidade.

E neste ponto devemos ser brutalmente honestos: quer realmente entender como o sistema externo funciona e "desmantelá-lo"? Ou o que deseja é ser, fazer e ter o que sempre quis?

O ego se infiltra facilmente. Todos nós já passamos por isso, independentemente do nosso status neste mundo. Todos nós temos ego, a nenhum de nós foi ensinado nem um pingo da verdade... mas aqui estamos, juntos, revelando isso ao mundo.

Porque o sistema que cria todos os sistemas — o filtro através do qual interpreta a vida — é o seu próprio.

Uma experiência em grande escala foi realizada em Washington D.C. entre 7 de junho e 30 de julho de 1993 ( ), quando aproximadamente 4.000 praticantes de meditação se concentraram na cidade para um projeto prospectivo elaborado com hipóteses e revisão científica prévia.

Os autores relataram que, durante os picos de participação, os crimes violentos contra pessoas caíram até 23,3% (e a violência total apresentou uma redução de cerca de 15 a 24%, de acordo com as análises), com resultados estatisticamente significativos relatados pela equipa.

A interpretação oficial foi clara: mudanças na "consciência coletiva" — o que eles chamam de Efeito Maharishi — foram associadas a reduções mensuráveis na violência.

E sim: esses resultados geraram debate académico — há defensores que replicam análises e há críticas metodológicas e pedidos de réplicas independentes —, mas o crucial para si é a lição prática: se a consciência coletiva mostrou um efeito estatístico sobre a violência numa capital, então desarmar o sistema interno não é mera filosofia: é uma alavanca com consequências mensuráveis.

Então, agora vamos detalhar o sistema interno (aquele que projeta o sistema externo) para compreender como você mesmo cria a sua realidade à sua imagem e semelhança.

O processo mental de criação:

- Os seus pensamentos levam-no a sentir-se de uma determinada maneira.

- Os seus sentimentos levam-no a emocionar-se de uma forma específica.

- As suas emoções levam-no a tomar ações alinhadas com o que sente.

- As suas ações geram experiências concretas na sua vida.

- As suas experiências acabam por convencê-lo de que a vida é de uma determinada maneira, pelo que acaba por acreditar em coisas sobre si mesmo e sobre o mundo.

- As suas crenças, nesta última e primeira fase, levam-no a pensar de uma determinada maneira sobre a vida e, consequentemente, a criar cada detalhe do que vê, de acordo com a sua própria imagem.

E sabe o que é mais impressionante? Que isso é cíclico! Não para... até que faça algo diferente em algum elo da cadeia. Isso é exatamente o que lhe propus nos parágrafos anteriores.

Imagina como a sua vida poderia mudar se começasse a prestar atenção ao que pensa? Ou se fosse consciente dos seus sentimentos, emoções, ações, experiências e crenças?

Este sistema que rege a sua vida se projeta no que você vê lá fora. É por isso que os seres humanos não veem o que está acontecendo lá fora: eles veem o que projetam de dentro, de acordo com cada parte dessa cadeia.

Vou partilhar consigo o que descobri sobre os sistemas externos e como observá-los a partir de uma perspectiva mais ampla e evolutiva para compreender o mundo em que está a jogar. Mas se não reconfigurar o seu próprio sistema... compreender os outros não servirá de nada. O único a quem isso servirá é ao diabo, porque fará com que acabe com mais medo, mais dúvidas... e à deriva.

Estas são as áreas que recomendo começar a trabalhar para alinhar o seu Ser e deixar de vaguear sem rumo na vida. Faça o que fizer, seja quem for, esta é a base que sustenta qualquer tipo de sucesso, em qualquer área. Vamos detalhar cada ponto para que seja simples e possa começar hoje mesmo a direcionar a sua realidade para um estado mais elevado.

As bases de um sistema interno alinhado e coerente:

1. Alimentação consciente
2. Treino físico
3. Serviço ao próximo
4. Hábitos elevados

1. A dieta de um Ser sagrado:

Subestimamos o quão fácil é distrair-se com a comida e, por pura ignorância, subestimamos o que introduzimos no nosso templo: o corpo.

Quem se empanturra de comida, mistura alimentos sem sentido, come em excesso ou não alimenta o seu corpo corretamente, mais cedo ou mais tarde acabará à deriva. O corpo — o templo do espírito, o veículo com o qual jogamos este jogo dual — merece ser tratado com a maior estima e e com os mais altos padrões, se quisermos jogar uma boa partida.

A maioria da população tem problemas com a alimentação, e isso é compreensível: ninguém nos ensinou como nos alimentar. Daí derivam tantas doenças, dores e distrações. Na verdade, subestimamos a importância da comida e como é fácil nos deixarmos enganar apenas para satisfazer o desejo de comer.

Lembro-me de que um dia estava prestes a almoçar com o meu parceiro e encontrei um frasco de maionese no frigorífico. Tirei-o e pensei: «Vou colocar um pouco na comida». Mas logo comentei que achava estranho termos maionese. Lembramo-nos que alguns amigos tinham estado em casa dias antes e presumimos que eles a tinham comprado. Então, quase por acaso, decidi ler o rótulo dos ingredientes... e entre eles aparecia um chamado «sequestrante». Literalmente. Imediatamente, joguei o frasco no lixo.

Imagina colocar «sequestrante» na tua comida? Imagina comer algo com esse nome?

E este não é um caso isolado. Não se trata apenas de uma maionese com «sequestrante». É toda uma indústria alimentar que opera de maneiras que parecem tiradas de um filme de conspiração. Mesmo as embalagens onde colocam em letras grandes «vegano», «sem glúten», «sem açúcar», basta virá-las e ver os seus ingredientes reais para perceber que parece uma piada. Pessoalmente, sigo uma regra infalível para saber o que comprar se escolher algo embalado: se não conheço o nome do ingrediente, então não levo. Simples. O que é isso de colocar coisas na boca sem saber o que são?

Se quisermos ir um pouco mais para a parte energética e conspiratória do assunto, basta olhar para as marcas mais vendidas do mundo. **A Monster Energy** tem um logótipo com três linhas que lembram a letra hebraica *Vav* (ו), cujo valor numérico é 6, formando o número 666. O seu slogan «Unleash *the Beast*» («Liberte a besta») reforça ainda mais essa interpretação.

Oreo tem a cruz templária e o símbolo do círculo com ponto central, ambos ligados a ordens esotéricas.

A Kellogg's, fundada por John Harvey Kellogg — eugenista obcecado em suprimir a masturbação por meio da alimentação —, que estratégia melhor do que inundar o café da manhã de milhões de pessoas com cereais açucarados?

E isso é apenas a ponta do iceberg. Não vou me alongar mais, mas quero que você perceba que isso é real. Se você mantiver a venda por muito mais tempo, mais difícil será ver a verdade, pois o diabo está levando você à boca todos os dias!

A indústria alimentar produz comida para 98% da população mundial. É uma indústria bilionária cujo sucesso não reside em alimentar, mas em manter a população doente, viciada e dependente. Os seus produtos não são feitos para nos nutrir, mas para *satisfazer* desejos que muitas vezes eles próprios geram.

Se ainda acha que tudo isto são coincidências, faça um teste simples: pegue em qualquer produto do supermercado e vire-o ao contrário. Leia o rótulo.

Garanto-lhe que a sua consciência começará a guiá-lo cada vez mais para evitar alimentos de baixa vibração. A verdade sempre esteve diante de si, mas ignorou-a porque nunca lhe ensinaram a vê-la, ou porque pensou que não era importante assumir a responsabilidade por isso. Veja, não é um corpo: é um ser espiritual habitando um corpo. É e e energia, frequência e vibração. Por isso, absolutamente tudo importa. Sim, pode parecer extremista, mas a alimentação consciente é a base de um ser cuja energia deixa de ser turva e confusa.

Agora sabe disso. A questão é: o que vai fazer com esta informação?

Não é por acaso que, durante décadas, priorizámos o consumo de certos alimentos. Não foi uma escolha livre. Fomos programados como o elefante com a corda.

A indústria alimentar não vende apenas produtos: vende ideias, hábitos e vícios. E fá-lo através de um sistema concebido para que nunca questionemos o que comemos.

Vejamos o açúcar. Nos anos 60, a indústria açucareira subornou cientistas de Harvard para que publicassem estudos minimizando a sua relação com doenças cardíacas e desviando a culpa para as gorduras. O resultado? O açúcar foi introduzido em praticamente todos os alimentos processados e tornou-se uma droga legal aceita em todos os lares.

E não é exagero chamá-la de droga. O açúcar e a cocaína ativam os mesmos circuitos de recompensa no cérebro. Alguns estudos até demonstraram que o açúcar pode ser mais viciante, porque estimula repetidamente a liberação de dopamina, gerando um ciclo de compulsão e abstinência. A diferença é que, ao contrário da cocaína, o açúcar está presente em quase todos os produtos do supermercado: pão, molhos, sumos e até comida infantil.

Isso não foi um erro: foi uma estratégia. A indústria açucareira criou gerações inteiras de viciados sem que ninguém percebesse. Não se tratava de nutrição, mas de negócios.

O mesmo aconteceu com a carne. Não bastava que as pessoas a consumissem esporadicamente; a indústria precisava de transformá-la numa necessidade psicológica.

Fizeram-nos acreditar que sem carne não há proteínas. Que sem proteínas não há força. E que sem força não há vida.

Mas e se eu lhe dissesse que tudo isso é uma das maiores fraudes da indústria alimentícia?

A ideia de que precisamos de toneladas de proteínas foi estrategicamente implantada pel s de carne e laticínios. Nos anos 50, a Associação Nacional de Pecuaristas dos Estados Unidos gastou milhões em anúncios com slogans como *"Beef. It's what's for dinner"* ("Carne bovina. É o que há para o jantar"). Na Europa, a União Europeia financiou campanhas para reverter a queda no consumo de carne e garantir a procura.

A realidade é outra. A proteína está em toda parte: frutas, vegetais, nozes, legumes. Não precisamos consumi-la em excesso, muito menos depender exclusivamente da proteína animal. O excesso não se transforma em músculo, mas em glicose; sobrecarrega os rins e acidifica o corpo, aumentando o risco de doenças metabólicas.

Portanto, quem se beneficia com o facto de você acreditar que precisa de tanta proteína? Reflita. Nada disso é coincidência.

E não nos esqueçamos do pequeno-almoço. Fizeram-nos acreditar que era «a refeição mais importante do dia», mas essa ideia não veio da ciência, mas do marketing dos cereais.

Foi John Harvey Kellogg, fundador da Kellogg's, que impulsionou a ideia, não por motivos de saúde, mas como estratégia para suprimir o desejo sexual. Segundo ele, os cereais " " eram uma "dieta ideal para a pureza" e uma forma de "controlar a luxúria". Desde então, o pequeno-almoço tornou-se um ritual obrigatório, reforçado por décadas de publicidade de cereais, laticínios e sumos processados.

Mas o que não lhe dizem é que saltar o pequeno-almoço pode ser a melhor coisa que pode fazer pela sua saúde.

O jejum intermitente — deixar passar mais horas entre as refeições — provou ser uma das práticas mais eficazes para reduzir a inflamação, melhorar a sensibilidade à insulina e aumentar a longevidade. Quando jejua, o seu corpo ativa um processo chamado **autofagia**, no qual elimina células danificadas e regenera tecidos.

Se o pequeno-almoço fosse tão vital quanto nos fizeram acreditar, por que é que o nosso corpo responde melhor quando não comemos de manhã?

É assim que o marketing hackeou a nossa biologia e a nossa cultura. Convenceram-nos de que certos alimentos eram essenciais quando, na verdade, eram ferramentas de manipulação em massa.

O que comeria se ninguém o tivesse programado?

Durante grande parte da minha vida, priorizei carboidratos, açúcares refinados, farinhas, carnes e qualquer tipo de alimento sem saber o que realmente continham ou como eram feitos. Isso levava-me a constantes desequilíbrios hormonais, a distrair-me com a comida, a comer em excesso ou a tornar-me rígido com os horários até depender deles. Ficava incomodado se não almoçava às 12 horas em ponto. Coloquei a comida num pedestal, mas sem nenhum conhecimento sobre os seus componentes. O resultado: um corpo com o qual não me sentia grato, uma vida que não me honrava e uma rotina inconsistente.

Depois de anos a experimentar diferentes dietas, compreendi algo essencial: não existe uma dieta que possa ser sustentável ao longo do tempo. Porquê? Porque o próprio tempo não é sustentável; é uma construção do nosso ego. Tudo o que colocas no tempo, estás a colocar num espaço destinado ao sofrimento, porque a única coisa permanente no tempo é a mudança.

Então, o que fazemos? Como disse Nikola Tesla: «Se quiser compreender os segredos do universo, pense em termos de energia, frequência e vibração». E foi isso que comecei a aplicar à alimentação.

Comecei a priorizar alimentos de alta calibração energética, ao mesmo tempo que ouvia o meu corpo todos os dias. Aos poucos, comecei a iluminar os meus medos e inseguranças para compreender o que realmente precisava. Deixei de julgar os horários das minhas refeições, deixei de me incomodar, deixei de colocar a comida num pedestal. A minha vida tornou-se mais simples, mais enriquecedora, e comecei a usar a comida apenas quando servia a um propósito maior. Resumindo: deixei de dar prioridade ao ego e aos apegos.

Mais adiante neste livro, vou contar-lhe como curar qualquer doença a partir de uma perspetiva psicológica e espiritual. Mas se hoje mesmo começar a priorizar uma alimentação consciente, alcalina e de alta vibração, ouvindo a voz da sua consciência a cada momento, os resultados em clareza mental, conexão espiritual e cura serão algo que nunca tinha vivido.

Um corpo que não é tratado com respeito alimenta uma mente incapaz de tratar a si mesma e aos outros com respeito. Um corpo desconectado é um corpo separado da Fonte Infinita, condenado a aceitar o que "lhe cabe" em vez de reivindicar o que realmente quer da vida.

No entanto, não podemos estar alinhados física, mental e espiritualmente se não nos organizarmos. O caos sempre segue a desordem. Portanto, aqui está um guia simples para gerir o que come e tornar-se consciente do que o seu corpo precisa para funcionar todos os dias com energia.

Guia para dominar a alimentação e manter o templo físico em ordem:

1. Calcule quantos macronutrientes precisa por dia (pode pesquisar no Google «macro *calculator*»). Assim saberá

quanto comer de acordo com o seu objetivo: manter o seu estado, perder peso ou ganhar peso.

2. Use um aplicativo como o *MyFitnessPal* para registrar seus macronutrientes (gorduras, proteínas, carboidratos) e suas refeições. Uma balança de cozinha será sua aliada: pese os alimentos, adicione-os ao aplicativo e pronto. Se preferir outro aplicativo, não importa: o essencial é registrar. Isso parece extremo, mas não é. A realidade é que não sabe comer e deve começar a colocar ordem na sua vida. Chega de deriva.

3. Evite alimentos de baixa vibração que desequilibram o seu organismo: carnes vermelhas, aves, peixes, processados, derivados animais, enchidos, açúcares, farinhas de trigo ou milho, óleos refinados, etc.

4. Verifique sempre o que compra no supermercado. É uma armadilha para os adormecidos. Não deixe nada ao acaso.

5. Dê prioridade a alimentos vegetais, como frutas, legumes, frutos secos e germinados. E se quiser levar isso a um nível mais elevado, explore a alimentação crua vegana.

6. Reduza a quantidade de refeições por dia. Tente no máximo três.

7. Faça jejuns de água ou chá esporadicamente, ou pratique jejuns intermitentes de 14 a 16 horas várias vezes por semana para purificar o seu corpo.

8. Atreva-se a fazer jejuns mais prolongados: um dia, dois, três ou mais. Ouça o seu corpo e os seus medos, e faça-o sempre com uma intenção clara para elevar o propósito.

9. Não misture alimentos em excesso. Não combine frutas com farinhas, nem proteínas com amidos. Não sature o seu prato com muitos grupos diferentes. Coma de forma simples: um grupo de alimentos de cada vez.

10. Reduza o número de ingredientes por refeição. Observe quantos ingredientes tem no seu prato e reduza-os para 5 ou 7, sendo o ideal 3. Muitas vezes, essas «mega saladas saudáveis» são, na verdade, bombas digestivas.

Lembre-se: não se trata de se tornar perfeito da noite para o dia, mas de elevar a sua frequência um dia de cada vez. Não precisa fazer tudo agora; está apenas a conhecer isso. Tenha paciência. A verdade tem um poder implacável: uma vez conhecida, não pode mais ser escondida. É como dizer que, uma vez que você tira a venda e vê a realidade, mesmo que decida colocá-la de volta, não poderá apagar o que viu.

Passemos agora ao segundo ponto para alcançar um alinhamento integral do seu Ser.

2. O veículo energético mais elevado que existe:

O seu corpo não é apenas um veículo físico, é uma antena que recebe, canaliza e emite energia. Desde o momento em que acorda até adormecer, está a absorver e a projetar frequências.

E há algo que poucos compreendem: quando move o seu corpo, reconfigura o seu campo energético.

Pense na natureza: nada no universo está parado. As galáxias giram, os rios fluem, o vento move-se incessantemente. A vida é energia em movimento. E o seu corpo também.

Aqui está o ponto-chave: o movimento intencional não apenas fortalece o seu físico, mas sincroniza a sua energia com vibrações mais elevadas.

Por isso, a partir de agora, vai treinar para transcender.

Não o fará para ficar com melhor aparência.

Não o fará para aumentar o seu desempenho.

Você fará isso para lembrar quem você é.

Não importa o desporto que escolher; a partir de agora, tudo o que fizer partirá desta base: **mente sobre matéria**.

Sempre que treinar, a sua intenção será libertar bloqueios, soltar o que não lhe pertence e reconectar-se com a sua essência. E para conseguir isso, o seu treino deve ser feito com **presença absoluta**.

Quando treinar, dê tudo de si.

Treinar com o corpo adormecido é o mesmo que rezar sem fé. Se vai se mover, mova-se com intenção.

Como será o seu treino?

Vai treinar duas vezes por dia.

- **Primeira sessão:** será a sua âncora no presente. A estrutura física que lembrará à sua mente que está no controlo. Faça-o o mais cedo possível: será o seu primeiro ganho do dia, o seu primeiro investimento nessa bola de pensamentos positivos que crescerá cada vez mais.

- **Segunda sessão:** será o seu portal energético. Não será para melhorar o seu físico, mas para elevar a sua frequência vibratória. Faça-o quando se sentir desconectado, cansado ou preso em vibrações baixas. Não importa se dura cinco minutos ou uma hora: o que importa é que seja um ato de ressintonização energética.

Cada movimento será uma afirmação.

Cada respiração será um reinício.

Cada gota de suor será um bloqueio que se solta.

A frequência é tudo.

Há apenas algumas semanas, quebrei um recorde pessoal que expandiu os meus limites. Comecei, com o simples objetivo de «elevar a minha vibração», a desbloquear capacidades que não sabia que tinha. Decidi fazer flexões com a música *Bring Sally Up*, um desafio famoso em que se sobe, desce, aguenta e sobe novamente seguindo o ritmo.

No início, não conseguia resistir aos três minutos e meio que dura a música, então propus-me a fazer isso todos os dias. Duas semanas depois, consegui completar duas músicas seguidas. Sim, isso significa que passei de não conseguir fazer três minutos para fazer mais de seis em algumas semanas.

Pode parecer que fiquei mais forte fisicamente com a prática diária, mas a verdade é que nenhum dia foi mais fácil nem doeu menos. Cada vez que me deitava no chão para fazer flexões, tinha de transcender a minha vontade de parar. E quando chegava ao meu limite anterior, empurrava-me um pouco mais.

Aquele momento em que você acha que não aguenta mais, quando tudo dentro de você grita para parar... é onde ocorre a expansão.

Muitos dizem que milagres não existem. Eu penso comigo mesmo:

> «Os milagres não se esperam. Eles são criados quando você muda a sua forma de ver a realidade.»

Quando você deixa de observar passivamente a vida e assume uma atitude ativa de transformação, o universo responde.

A ação infunde fé. Porque fé sem ação é fé morta.

3. O que faz um Filho de Deus

Agora, finalmente, temos as bases para sermos Filhos de Deus e compreender o propósito que temos como seres humanos. Os pontos anteriores foram fundamentais para chegar a este nível de consciência, e é precisamente a aplicação desses pontos que permite que muitos experimentem um a riqueza e abundância em todas as áreas da sua vida. Aqueles que os ignoram, simplesmente ficam jogando abaixo das suas possibilidades.

> *"E não se esqueça deste princípio sagrado: dar e receber são dois pólos da mesma frequência.*
>
> *Quando você dá com sinceridade, inevitavelmente receberá em abundância. Não porque você espera isso, mas porque está a calibrar a sua energia com a Lei Universal da circulação.*

> *Abra o seu coração para receber amor, reconhecimento, dinheiro, gratidão e tudo o que o universo deseja devolver-lhe pelo seu serviço."*

Quem não vive para servir, não serve para viver.

O propósito mais profundo do ser humano é dar. Servir é permitir que a energia da vida flua através de si sem resistência. Não importa como o faz, porque a única energia que nunca se esgota é aquela que é entregue com intenção pura.

No livro *A Lei do Um*, Ra (o ser energético canalizado pelos cientistas) revelou que a evolução da alma se divide em dois caminhos: o serviço aos outros e o serviço a si mesmo. O primeiro leva à expansão e à unidade com a criação. O segundo, ao estagnação e à desconexão. Quanto mais você serve, mais eleva a sua frequência, mais alinhado fica com a verdade e mais leve se torna o seu caminho.

David Hawkins, médico e cientista criador do **Mapa da Consciência**, demonstrou que as emoções e os estados internos têm uma vibração mensurável. Enquanto o medo e a apatia ressoam em baixas frequências, o amor e a paz vibram em altas frequências. O serviço incondicional é a chave que desbloqueia essas frequências. Porque dar não é apenas um ato: é uma calibração energética. Quando dá sem esperar nada em troca, automaticamente sobe de nível.

Pense nisso por um momento: quando se sentiu mais realizado, ligado à vida, ao amor e à entrega? Quando dá ou quando recebe?

Todos nós já vivemos ambas as experiências, mas costumamos nos confundir acreditando que o nosso trabalho é receber, quando na verdade esse é o efeito natural de dar!

Hoje vivemos tempos realmente gloriosos. Muitos criticam as redes sociais pela quantidade de desinformação e conteúdo vazio que circula. Mas poucos entenderam que elas podem se tornar motores de mudança, preenchendo os algoritmos com verdade.

Se uma mensagem pode mudar uma vida, imagine o que ela pode fazer se chegar a milhares. Pense nisto: se eu não tivesse passado pelo processo incómodo de escrever estas linhas, publicá-las e fazê-las chegar até si por meio de estratégias de divulgação, você nunca estaria a ler esta informação. Tudo aconteceu porque usei as redes sociais em prol de um propósito muito maior do que entretenimento ou distração. E é exatamente isso que você deveria estar a fazer agora.

Sei que talvez ainda não perceba isso, porque geralmente precisamos da perspectiva do tempo para olhar para trás e confirmar os avanços. Mas estou tão certo de que, ao terminar de ler e aplicar esta verdade, a sua vida mudará radicalmente, que quero fazer uma sugestão alinhada com a expansão da sua alma: **documente a sua transformação**.

Não a partir do ego, mas com a intenção de inspirar outros a viver sem medo, a levantar a voz e a desafiar a programação . Cada vez que partilha a sua verdade, convida outros a lembrarem-se da deles.

«Pelos seus frutos os conhecereis. Colhem-se uvas dos espinheiros, ou figos dos abrolhos?»

(Mateus 7:16, Reina-Valera 1960)

O que você tem na sua vida hoje é consequência do seu ontem. E o seu amanhã será consequência do seu hoje, que — graças a este contexto de Verdade — será muito mais elevado do que você pode imaginar agora.

O trabalho inconsciente que este livro está a fazer em si não é mensurável com nenhum dos cinco sentidos, exceto com o sexto: aquele que está diretamente ligado a Deus. Para ativá-lo, deve confiar no que ainda não vê. Confie nestas palavras, em que o que está a aprender, a sentir e a experimentar tem um sentido superior. Porque não é por acaso que está a ler isto. Nenhum.

> *"Para que você esteja vivo hoje, uma série de eventos tão improváveis tiveram que se alinhar que parece absurdo que tenham ocorrido.*
>
> *Apenas nos últimos 12 níveis geracionais, mais de 4.094 antepassados diretos tiveram que se encontrar, unir-se e reproduzir-se no momento exato. Se recuarmos apenas 1.000 anos, estamos a falar de mais de um milhão de pessoas envolvidas na sua linha direta.*
>
> *Agora some isso: a probabilidade de um espermatozoide específico fertilizar um óvulo é de 1 em 400 milhões. Isso, multiplicado por cada concepção bem-sucedida na sua linhagem, resulta numa probabilidade inferior a 1 em 10^{100000} (sim, um 1 seguido de cem mil zeros). E isso sem contar guerras, pragas, abortos espontâneos, acidentes, decisões mínimas que poderiam ter mudado tudo.*

> *Você está aqui, e isso torna você um milagre estatístico. Não por acaso, mas porque a sua existência tinha que acontecer.*

O facto de estar a ler isto significa apenas uma coisa: você desafiou toda a lógica da probabilidade.

Vamos honrar isso. Vamos honrar a unidade e a expansão da sua alma. Além de documentar o seu antes (a nível físico, mental e espiritual), se algo neste livro o impactou, partilhe. Não guarde o que pode despertar outra pessoa. Uma história, uma publicação, uma mensagem para a pessoa certa no momento certo, ou até mesmo oferecer este livro a alguém que sinta que precisa dele. A informação que é partilhada expande-se e, consequentemente, o Ser que a transmite também.

> *"Cada vez que você dá, pode recomeçar. Cada vez que você serve a outra pessoa, sua vida se cura e se torna uma com Deus."*

4. O poder de sustentar a verdade

Quantas vezes sentiu a verdade... e depois a perdeu?

Muitos são abençoados com revelações, momentos de lucidez ou despertares espirituais. Mas muito poucos conseguem manter essa conexão divina. E é exatamente isso que você aprenderá aqui: a mantê-la e expandi-la muito além do que você acreditava ser possível.

A verdade não é apenas um instante de compreensão; é um estilo de vida. Não se sente apenas: experimenta-se a cada momento. E para conseguir isso, precisamos ocupar-nos com estar no campo energético adequado. Isso não é complicado, mas exige desenvolver algo que talvez tenha mantido nas sombras: a **consistência**.

Os hábitos não são apenas físicos. Também existem hábitos internos: **hábitos de pensamento**.

Expandir a sua vida, melhorar cada área e viver em sintonia com Deus requer manter-se numa frequência elevada. Todos nós fomos dotados com o poder do pensamento. E digo poder porque funciona tanto no negativo como no positivo. Embora, como irá descobrir, um pensamento positivo será sempre muito mais poderoso do que um negativo.

A rotina que vou partilhar consigo é simples, mas profunda. E o mais importante: funciona. Não precisa de reinventar a roda, basta aplicá-la e comprovar na sua própria experiência. A informação deixa de ser teoria quando passa pela sua vida.

> *«Incorpore a verdade e a verdade se tornará o seu guia.»*

O que faz hoje constrói o seu amanhã, da mesma forma que o seu presente foi moldado pelo que fez ontem. Uma vida organizada não o salvará do caos, mas torná-lo-á imune a ele.

A maioria das pessoas sente-se perdida porque não tem estrutura. Acordam a qualquer hora, fazem qualquer coisa e, consequentemente, pensam qualquer coisa... o que as leva a obter qualquer coisa, menos aquilo que realmente desejam.

Portanto, se quiser jogar do lado Ativo do Infinito, precisa de compromisso absoluto. A seguir, encontrará uma rotina passo a passo para alinhar a sua vida hoje mesmo.

No entanto, se nunca teve uma estrutura antes, comece com calma. Não se trata de impor horários rígidos, mas de criar uma **espinha dorsal** energética no seu dia. Se se sentir sobrecarregado ao começar de repente, comece com um bloco: por exemplo, acordar cedo e treinar. Depois, incorpore a leitura. E assim, passo a passo.

Exemplo de rotina energética alinhada com a Verdade:

Adapte-a à sua fase. A verdade não é uma estrutura: é uma frequência que você encarna.

Viver alinhado com a Verdade não significa ter um horário rígido, mas uma presença sustentada durante o dia. Não existe uma única rotina correta, mas existem ações que elevam, limpam e conectam. A seguir, encontrará uma proposta para organizar o seu dia a partir do **lado Ativo do Infinito**, não a partir da exigência, mas a partir do compromisso com a sua energia.

Se lhe servir, use-a como guia. Se estiver noutra etapa, pegue apenas o que lhe ressoar. O importante é alinhar corpo, mente e espírito com a Fonte todos os dias.

MANHÃ: Ativação do Ser

- **4:30 – 5:00 AM** → Acordar conscientemente. Comece o seu dia sem distrações. Se este horário lhe parecer distante hoje, ajuste-o progressivamente. O importante não é a hora, mas o ato: levantar-se com intenção.

- **5:00** → Exercício físico. Treine. Não importa o método: caminhada, musculação, ioga, e u calistenia. Movimente a sua energia. Aqui tem duas opções: ou vai direto para o treino pesado do dia, ou começa simplesmente com mobilidade e, mais tarde, pela manhã, faz o seu primeiro treino intenso.

- **6h30** → Escrita + Gratidão. Escreva os seus objetivos, declare o seu propósito, agradeça por pelo menos três coisas. Lembre-se de quem você é. Tente fazer isso com caneta e papel. Isso gera muito mais conexões neuronais do que fazê-lo digitalmente.

- **7h** → Leitura consciente. Leia um livro que eleve a sua perspectiva. Alimente o seu campo mental antes de se expor ao mundo exterior. Dedique pelo menos 30 minutos a uma leitura inspiradora e consciente.

TARDE: Enraizamento e serviço

- **12h00 - 14h00** → Alimentação consciente. Coma com presença. Escolha alimentos de alta vibração. Mastigue devagar. Ouça o seu corpo.

- **15:00 - 17:00** → Serviço/Projeto. Partilhe, crie, sirva. Este intervalo é ideal para trazer a sua verdade ao mundo.

- **16h00 - 18h00** → Segundo movimento. Pode ser cardio, alongamentos, caminhar descalço ou simplesmente dançar. Liberte tensões.

NOITE: Integração e contemplação

- **19:00** → Jantar leve e cedo. Priorize uma digestão limpa para dormir profundamente. Não durma cheio de ruídos.

- **20:30** → Ritual de encerramento. Desligue o wi-fi. Coloque o telemóvel no modo avião. Leia, escreva, contemple, medite ou simplesmente respire.
- **21h** → Descanso. A qualidade do seu sono define a qualidade da sua percepção. Entregue-se ao descanso como quem entrega a alma a Deus.

Eis o que recomendo:

Comece por um bloco. Talvez seja apenas acordar mais cedo. Ou escrever um pensamento. Ou desligar o wi-fi antes de dormir. Uma ação sustentada vale mais do que uma rotina perfeita abandonada.

Não se trata de controlo. Trata-se de se alinhar com a Fonte e lembrar-se de quem é, todos os dias.

«Se esta rotina é tão boa, tão poderosa, por que é que o sistema não a recomenda? Por que é que não nos ensinam estes hábitos elevados desde pequenos?»

A resposta está na pergunta. Mas vamos analisá-la:

1. Porque esta rotina torna-o soberano.

Um ser humano que acorda cedo por vontade própria, que treina o seu corpo, que ordena a sua energia, que pensa por si mesmo, que agradece, que lê, que medita, que contempla, que partilha a sua verdade... é um ser humano que não precisa de ser governado de fora. Que limites poderia ter? Que coisas seriam impossíveis para ele?

2. Porque essa rotina desativa o medo.

Uma pessoa que começa o seu dia com calma, com propósito e direção interna, não precisa de estímulos externos para se sentir viva. Se não há medo, não há controlo. Se não há ansiedade, não há consumo. Se não há caos interno, não há dependência do sistema.

3. Porque essa rotina fortalece a disciplina espiritual.

E isso torna-a perigosa para o sistema. Porque uma pessoa disciplinada espiritualmente detecta as armadilhas, antecipa-se aos enganos e não negocia os seus valores por conveniência.

4. Porque essa rotina revela o jogo.

Quando se começa a viver assim, tudo o que antes parecia «normal» começa a parecer absurdo. Dormir tarde, ver porcaria, encher-se de açúcar, perder tempo nas redes sociais, correr sem rumo, comprar sem sentido... tudo começa a cair. E quando a personagem cai, a alma aparece.

5. Porque o sistema precisa de humanos funcionais, não despertos.

Treinam-nos para rendermos, não para nos lembrarmos de quem somos. Educam-nos para trabalhar melhor, não para viver melhor . Aplaudem-nos quando produzimos, mas silenciam-nos quando questionamos. Esta rotina é o contrário: produz consciência, não produtividade. É por isso que não é ensinada.

> *"Porque esta rotina não serve ao sistema... ela o desmantela. Não o treina para render ao mundo. O treina para render-se a Deus."*

É importante destacar que a rotina não é um castigo. É a estrutura que sustenta a sua transformação. Quando faz da sua alinhamento uma prioridade, o crescimento torna-se inevitável. E sob estas pequenas ações, começa um efeito "bola de neve" que o leva a alcançar grandes coisas quando menos espera... ou, pelo menos, a ouvir mais a Deus, que o guiará até elas.

Pontos-chave desta rotina:

- Treine duas vezes por dia: uma de manhã e outra à tarde, para recalibrar a sua energia.

- Esteja consciente do que come. Simplifique as suas refeições para que comer seja um prazer, não uma distração.

- Partilhe o seu processo nas redes sociais. Não por ego, mas pelo impacto. A sua transformação inspira outros a quebrar a sua programação. A sua marca pessoal é o recurso mais valioso que tem: use-a.

- Ouça-se. A consciência é o filtro que transforma o quotidiano em sagrado.

- Não tome o pequeno-almoço imediatamente. Não precisa de comer assim que acordar. Espere até às 10h00, se preferir, e dê prioridade a gorduras e proteínas saudáveis ou alimentos depurativos como primeira refeição.

- Desligue os seus dispositivos quando for dormir ou coloque-os no modo avião.

- Desligue o wi-fi quando não estiver a usá-lo.

- Desative o Bluetooth do seu telemóvel se não precisar dele.

- Se usar auscultadores sem fios, faça pausas e descanse-os.

- Passe o máximo de tempo possível em contacto com a natureza.

- Caminhe entre 5.000 e 10.000 passos por dia. Isso não só fortalece o seu corpo, como também organiza a sua mente e lhe dá perspectiva.

É possível que esta rotina o incomode. Talvez nunca na sua vida tenha tido uma estrutura assim. Mas deixe-me dizer-lhe uma coisa: não faz sentido falar de verdades se, ao fechar este livro, a sua vida continuar exatamente igual.

Aos seres humanos, ninguém nos ensina a viver. Não viemos com um manual de instruções para este jogo. Por isso, os hábitos alinhados com a grandeza são a única coisa que realmente muda o jogo, tanto no aspecto espiritual como no prático.

O que recebeu nesta primeira parte são literalmente os truques que lhe permitirão jogar nas grandes ligas. E não estou a falar das físicas, mas das que realmente importam: as espirituais.

Já sabe que é na deriva que se encontra o diabo. Então, por que continuar a prestar-lhe tributo com a desordem?

A única verdade não está nesta rotina, mas na sincronização perfeita entre o seu **Ser, Fazer e Ter**. E esta rotina treina-o para alcançá-la.

Se ainda sente resistência, faça a si mesmo esta última pergunta:

Se nunca fui disciplinado e vivi ao acaso, o que perco ao experimentar uma vez um modo de vida que nunca tentei?

Normalmente queremos mudar, mas continuamos a repetir o mesmo. E não importa se já tem sucesso financeiro, mas as suas relações são um fiasco: precisa da rotina. Também não importa se domina o seu físico, mas anda sem Deus: precisa da rotina. Se se considera espiritual porque «compreende», mas a sua conta bancária está vazia, é quem mais urgentemente precisa da rotina de alinhamento.

Essas ações o tornarão excelente em todas as áreas, porque quando faz uma coisa, faz absolutamente tudo.

Agora você já tem os hábitos elevados para alinhar o seu Ser e sintonizar-se com Deus. Mas eu mencionei que o importante eram os **hábitos de pensamento**. Então, quais são esses hábitos?

Os hábitos de pensamento para viver desperto e viver a Verdade todos os dias são dois: **consistência e clareza**.

A consistência é obtida ao manter essa rotina todos os dias, sem desculpas. É o compromisso consigo mesmo, uma confiança tão grande que nada na terra pode lhe dar, porque só depende de você realizá-la.

A clareza surge quando faz o que é desconfortável. Ao sair da sua zona de conforto, expande o seu campo de possibilidades e, a partir desse espaço expandido, começa a ver oportunidades, a receber revelações e a ouvir mais atentamente a Deus, a voz da sua consciência e o Espírito Santo.

Mas... se estiver muito cansado e o seu corpo pedir para descansar, deve manter a rotina igual?

Essa pergunta é linda, porque revela duas das maiores crenças limitantes que governam a mente humana:

1. Acreditar que somos seres limitados em termos de energia, que se cansam e precisam de descansar como uma obrigação.

2. Acreditar que o corpo é quem manda, quando na verdade ele apenas segue as ordens da mente.

Veja bem: cada vez que sente fadiga, cansaço ou desânimo, não é por acaso nem por um evento isolado. Não é só porque ontem treinou forte ou correu mais quilómetros. No fundo, está sempre ligado ao seu estado energético, determinado pelos seus pensamentos.

Cansar-se, ficar fatigado, adoecer ou quebrar é consequência de pensamentos negativos acumulados. E querer «descansar» pulando justamente a rotina que mais eleva a sua vibração é, na verdade, continuar investindo na bola de pensamentos negativos.

É por isso que manter uma rotina é algo que poucos conseguem. A maioria consegue acordar um dia às 5 da manhã, sim. Mas assim que surge um desconforto, uma mudança inesperada ou um evento externo, imediatamente pensam que devem abandonar justamente aquilo que mais os incomodava. E a verdade é que esse desconforto era a oportunidade perfeita para confirmar a nova identidade que estavam a construir. Era um teste, não um sinal de abandono.

Por que isso acontece conosco?

Porque desde pequenos fomos condicionados a associar disciplina com obrigação, não com expansão. nos ensinaram a acordar cedo para não faltar à aula ou ao trabalho, não por respeito ao corpo ou devoção à alma, mas para evitar um castigo. Esse castigo disfarçado de "falta", "advertência" ou "expulsão" instalou a crença de que disciplina significa perda de liberdade.

E essa é uma das programações mais destrutivas do sistema.

Porque se acredita que a disciplina aprisiona, nunca será possível manter um caminho elevado. Sempre voltará ao conforto. Sempre escolherá a opção fácil. Será um escravo que se acredita livre apenas porque pode decidir que série assistir ou o que pedir no aplicativo de comida.

E assim continuamos: bonitos e gordinhos, como os pinguins de *Madagascar*. Simpáticos, adaptados... mas sem verdadeira soberania. Domesticados por dentro, embora rebeldes por fora.

Muitos que se intitulam «espirituais» são, na verdade, falsos espirituais: acumulam conhecimento, mas aplicam muito pouco. Vivem cheios de desculpas para justificar por que a vida não lhes dá o que dizem querer, ou se regozijam em «não precisar de nada» e, claro... o universo não lhes dá nada de novo.

A rotina que proponho é um padrão, não uma obrigação. Sugiro que a mantenha por pelo menos 30 dias. Mesmo que já tenha uma rotina elevada ou já tenha tentado antes, nunca é igual. Somente quando for capaz de manter uma rotina diária — e manter significa estar acima dela, não abaixo — é que poderá moldá-la.

Um erro comum é questionar antes de fazer. Isso apenas rouba a experiência. Muitos duvidam que funcionará e nem sequer tentam. Outros questionam no terceiro dia e começam a modificá-la. Isso é o diabo a bater à porta, esperando que lhe abra.

Mantenha-se firme, não tanto na rotina em si, mas no compromisso. Agarre-se à Verdade e verá como o seu sistema mental funciona e como pode usá-lo para criar uma vida com os seus mais altos padrões.

> «Se nunca se levar aos seus próprios limites, nunca poderá expandir-se para além das suas bases atuais.»

Será desconfortável, sim. Mas conhecerá partes de si mesmo que estavam adormecidas. Verá a sua sombra surgir e terá a força para acender a luz.

> «Cuide dos seus pensamentos, porque eles se tornarão palavras.
>
> Cuide das suas palavras, porque elas se tornarão ações.
>
> Cuide das suas ações, porque elas se tornarão hábitos.
>
> Cuide dos seus hábitos, porque eles se tornarão caráter.
>
> E cuide do seu caráter, porque ele se tornará o seu destino."

STOP 5: A AÇÃO INSPIRA A FÉ

Tudo o que ler ficará gravado no seu inconsciente de maneiras que nem vai perceber. Mas há algo que pode acelerar esse processo: a ação.

A sua vida pode mudar, mas continuará a ser comum se não der um passo além. O extraordinário é alcançado colocando mais de si mesmo. E embora pareça motivador, não é apenas uma frase bonita: na palavra *atração*, seis das suas letras formam a palavra *ação*. O seu corpo é vibração, e essa vibração flutua de acordo com o uso ou não uso que você lhe dá. Somos canais energéticos!

Portanto, se quiser conectar-se com o ilimitado e manter a fé no seu dia a dia, deve mover-se. A rotina que lhe propus foi concebida para que todo o seu dia esteja em movimento e em serviço. Quanto mais usa o seu corpo, mais disponível ele fica. Quanto mais ação coloca, mais ação pode colocar.

O sistema, por outro lado, criou ovelhas que preferem seguir o estabelecido em vez de pensar e criar o seu próprio caminho. Como tudo já está «montado», é mais fácil aceitá-lo, mesmo que não sirva para nada. Essa forma de viver é o que mantém 98% da humanidade à deriva, enquanto os 2% restantes desfrutam de grandes riquezas, incluindo paz de espírito.

Quando não se move, não produz nada diferente. Antes, partilhei consigo o sistema que todos temos; o que não lhe tinha dito é como quebrar os padrões limitantes.

Eu quis esperar até este ponto.

A ação disruptiva é a chave para cortar um comportamento ou pensamento que está a sabotar o seu sistema e a torná-lo destrutivo. Se a ação nos eleva à fé, essa ação deve ser intensa e alinhada com princípios de alta vibração. É por isso que estas ferramentas são tão poderosas no jogo:

1. **Treinos intensos.** Levar a sua mente e o seu corpo ao limite com exercícios exigentes desperta gratidão, fé e conexão com a Fonte Infinita.

2. **Sessões de gratidão.** Quanto mais agradece, mais espaço tem para agradecer. Quando o faz em grupo, a vibração pode atingir níveis de amor incondicional, uma das frequências mais elevadas de consciência.

3. **Meditações com propósito.** A visualização consciente com os olhos fechados leva-o a estados profundos de conexão com Deus.

4. **Respirações profundas e presentes.** Respirar com consciência em qualquer momento e lugar leva-o ao agora, e a presença é o maior presente que temos.

5. **Conexão com a natureza.** Andar descalço, ver o nascer ou o pôr do sol, visitar um rio ou o mar... tudo o que o une à terra lembra-lhe a magnitude da sua existência.

6. **Compromisso com a palavra.** Palavras elevadas geram uma frequência elevada. O que diz, recebe.

7. **Música de alta frequência.** Somos som, e o que ouvimos tem um impacto direto em cada célula do corpo.

Esses elementos são propulsores diretos de uma conexão irrefutável com Deus, de uma descoberta natural da verdade que já habita no seu Ser e de estados de consciência mais elevados e permanentes.

Não há corpo doente, nem falta de dinheiro, nem problema de casal ou objeto que possa frear alguém que prioriza ações elevadas em cada momento da sua vida.

No meu livro *A única forma de se conectar com a sua Alma*, contei como curei febres intensas em menos de quatro horas, sem medicamentos, e outras dores que experimentei nos últimos anos, usando apenas o remédio mais poderoso que existe: a **consciência**.

Nós, seres humanos, subestimamos enormemente a magnitude do nosso campo áurico ou campo eletromagnético. E, ao fazê-lo, esquecemos que somos seres energéticos com um corpo em constante vibração. Às vezes vibramos alto, outras vezes baixo, mas se aprendermos a usar o mundo a nosso favor, os estados mais baixos — vergonha, culpa, ódio, vingança, raiva, tristeza — e suas consequências — pobreza, doença, julgamentos, medos — começam a desaparecer um a um.

Talvez neste momento já se tenha animado a tirar a venda, e cada palavra ressoa nas suas células como luzes que iluminam espaços que antes pareciam vazios. Ou talvez ainda se mostre relutante a estas ideias. Seja como for, este não é o seu ponto final.

Estamos percorrendo a linearidade do jogo: de A a B, de B a C. Depois de ordenar os seus pensamentos e bases espirituais, estará pronto para experimentar milagres, saltos quânticos, curas espontâneas e, claro, a Única Verdade em cada instante.

O que viu até agora, embora contenha Leis Universais e conceitos espirituais avançados, é um processo lógico e simples. E, curiosamente, costuma gerar conflito naqueles que se consideram «mais avançados e espiritualmente mais evoluídos», porque carregam a síndrome do «eu já sei».

Na realidade, ninguém pode manifestar o que ainda não integrou completamente.

Talvez você já tenha conquistado muito: dinheiro, corpo, clareza, até mesmo conexão com Deus. E isso é valioso. Mas se há alguma área da sua vida onde a verdade ainda não se expressa — um relacionamento rompido, uma dívida, um sintoma físico, uma incoerência — é porque, nesse aspecto, ainda há algo a ser lembrado.

E, nesse plano, lembrar não é pensar: é incorporar.

Portanto, se hoje não tem 10 000 dólares na sua conta, é porque há algo no processo — interno ou externo — que ainda não foi totalmente integrado.

Se os seus abdominais ainda não estão definidos, não é por causa da genética, mas porque algo na sua alimentação, no seu foco ou no seu sistema de crenças ainda não acompanha essa realidade.

Se ainda não está a usar os seus dons para servir o mundo, é porque — em algum nível — ainda não os está a reivindicar completamente.

Saber é poder viver. O resto é conhecimento não incorporado.

E a Verdade, quando encarnada, inevitavelmente se manifesta.

Essa síndrome do «eu já sei» é o que mais complica as coisas, porque o «preenche» falsamente. Ao acreditar que já sabe, não deixa espaço para receber mais informações nem integrar novos conhecimentos. Em outras palavras: fecha-se.

Por isso, para continuar e aplicar, precisa aceitar o não saber. Não importa quantos conceitos tenha ou quantas coisas tenha conquistado: se está a ler estas linhas, permita-se começar do zero. Permita-se não saber, se realmente quer que ocorra uma mudança profunda em si.

«Só sei que nada sei.» Essa é a minha filosofia de vida. E é o que me permitiu ficar nos ombros de gigantes, manter-me humilde, continuar a aprender, a crescer e a sentir-me feliz. Um ser que acredita que já sabe fica estagnado, e quem fica estagnado afasta-se da felicidade.

Este livro é uma oportunidade para aumentar a sua dose de humildade e colocar-se no lugar onde pode obter mais crescimento: o lugar do aluno.

O meu objetivo é que, à medida que avançamos, tenha cada vez mais compreensão, mais alinhamento e ferramentas simples e úteis para que cada um dos seus dias seja um dia de Verdade. Dias em que dê o seu melhor, viva em paz, sinta-se feliz e alcance absolutamente tudo o que a sua mente puder conceber.

Então, vamos continuar avançando. Já tem a rotina completa para se alinhar em todas as áreas; agora, vamos reprogramar um pouco mais o cérebro, criar novas conexões e começar a jogar no que não se vê... no real.

PARADA 6: PRINCÍPIOS ELEVADOS DE MANIFESTAÇÃO

«Chama às coisas que não são como se fossem, e as obterás.» *(Romanos 4:17)*

Esta frase bíblica contém o fundamento de todos os princípios da manifestação. Muitas pessoas falam da lei da atração, da lei da assunção ou de qualquer outra, sem saber que, na realidade, todas se baseiam nisto: **chamar as coisas como se já fossem parte do seu presente**.

Nomear e declarar o que deseja como se já o estivesse a viver faz com que o atraia. Pode parecer intangível até que aconteça. Ultimamente, comecei a usar esta frase para atrair situações e coisas para a minha vida, e funciona na perfeição.

Seja como for que o diga, o segredo é sempre afirmá-lo no presente. Não importa o rótulo que lhe damos: a verdade é que somos criadores do mundo em que vivemos, porque o mundo exterior é a projeção do interior. E, como já sabe, esse mundo interior é o seu sistema de crenças.

É aqui que entramos em conceitos como o **EU SOU**, partilhado em culturas ancestrais e reafirmado em *Um Curso de Milagres*, um livro canalizado que transmite ensinamentos de Deus. Lá está escrito: «Deus é, e nada mais é.»

O que isso significa e como se relaciona com o EU SOU para viver a vida que você deseja?

Significa que qualquer outra forma de pedir, de buscar ou de «querer obter» apenas o afasta do que deseja. Pensamos que rezar é pedir algo a Deus, mas na verdade isso é a coisa mais ridícula e ingrata que podemos fazer neste jogo.

Pedir a Deus é assumir que Ele tem algo que não quer lhe dar, ou que não pode lhe dar. Se fosse assim, por que então Ele não tem?

É por isso que tantas pessoas falham na manifestação: porque oram ou aplicam leis espirituais a partir do lugar errado. Tentar influenciar a matéria a partir da matéria nunca gera resultados extraordinários. Primeiro influenciamos a matéria a partir da mente elevada, e depois a matéria se adapta ao que a nossa mente consegue ver. Trata-se do princípio de **acreditar para ver**.

É por isso que nos concentramos tanto em abandonar padrões de comportamento e pensamento limitantes e integrar novos padrões: porque não se trata de pedir ou não pedir, mas de **onde você faz isso**.

Se pedir a partir do «não tenho e preciso ter», afasta-se do que deseja. Nenhuma lei parece funcionar e Deus parece não o ouvir.

Mas se declarar a partir do **Eu Sou**, se chamar «o que não é» como se já fosse, então faz isso a partir da presença. E é aí que tudo começa a acontecer.

Quando Deus diz «Eu Sou», não fala do passado nem do futuro. Afirma que fora do Ser não existe mais nada. Não h , não há antes nem depois, não há lá nem aqui. Só há o que há.

Pode parecer confuso no início, mas esta é a raiz que muitas correntes espirituais distorcem. Chamam de «espiritual» o que, na realidade, nasce do ego, porque implica que há algo além de Deus. Mas não há.

É por isso que a união entre o «Eu Sou» e o ato de «chamar as coisas que não são como se fossem» é tão poderosa. Não é uma técnica, é um ato de verdade. Quando diz «Eu Sou saúde» ou «Eu Sou abundância», não está a mentir nem a fingir: está a reconhecer que Deus é, e nada mais é. Que tudo o resto é ilusão.

> *«Essa é a verdadeira base da manifestação: não atrair, não pedir, nem esperar. Ser.»*

Grandes cientistas e escritores aprofundaram-se durante décadas no poder do presente, e todos chegam sempre à mesma conclusão: **o presente é a única coisa que existe.**

Se o presente é a única coisa que existe, *por que insistir em criar um futuro que ainda não existe?*

É aí que entra o Ser agora o que quer ser. Porque aquilo que imagina já existe como realidade. Se não fosse assim, nem sequer seria capaz de pensar nisso. O que deseja também deseja. Aquilo que acredita que pode alcançar já é um facto.

O que acontece — e é por isso que a manifestação parece demorar — é que nada pode ser manifestado sem fé, ou seja, sem certeza e convicção do que ainda não se vê, mas sabe que pode alcançar.

Do ponto de vista do ego, parece que manifestou algo porque «passou algum tempo» até o obter. Mas, no fundo, nada aconteceu fora do presente: no momento da manifestação, o que se revela é apenas um novo presente.

«A fé é a certeza do que se espera, a convicção do que não se vê.» *(Hebreus 11:1)*

Pense assim: começou a ler este livro há algum tempo, mas na verdade só passou do presente para o presente. Não pode escapar disso, mesmo que queira. Claro que pode perceber o passado e imaginar o futuro, mas tudo isso está apenas na sua mente. Mesmo o que vai ler na próxima página ainda não existe; só aparecerá como um novo presente. Isso pode parecer loucura, desnecessário ou difícil de entender, mas se não treinar a sua mente para «ver o que não vê», nunca obterá nada diferente do que já tem. Porque fé é ver o que não tem, e o que os gurus manifestantes chamam de manifestação resume-se exatamente a isso.

O presente eterno e abrangente é onde Deus se encontra. E é a partir de Deus que a manifestação se torna atração. Ao assumir que tudo já é, a única coisa que faz é chamar as coisas no presente usando o Eu Sou.

Vejamos um exemplo: ao comprar este livro, a sua mente pode ter pensado algo como: «Vou conhecer a verdade» ou «Estou curioso, vou lê-lo para ver do que se trata».

Essa atitude — embora genuína e valiosa — partiu de uma expectativa: a de encontrar algo fora de si. Essa busca geralmente nos afasta do nosso próprio critério, porque em vez de observar o que é, começamos a supor o que deveria ser. E viver a partir de suposições não o aproxima da Verdade: prende-o em interpretações alheias.

Se, em vez disso, tivesse usado o Eu Sou ao abrir este livro, teria afirmado: «Eu conheço a Verdade, porque Eu Sou a Verdade». Essa afirmação não é arrogância, é alinhamento. É uma declaração vibracional que o coloca acima do desejo e o conecta diretamente com a Fonte. Porque ao afirmá-lo no presente, você chama o que ainda não é visto como se já fosse, e isso é exatamente o que ativa a manifestação real: a lembrança do eterno no agora.

Agora leve isso para qualquer situação da sua vida. E preste atenção: o Diabo sempre colocará armadilhas nos mínimos detalhes desse jogo. Quando quiser chamar algo que não é como se fosse, ele pode sussurrar para você que "não é real, então não tem poder". Mas pergunte a si mesmo: quem está tentando ganhar poder ao dizer isso? Exato: o próprio Diabo.

O Eu Sou é a salvação, porque o Eu Sou é a unicidade absoluta consigo mesmo, com os outros e com Deus a cada instante. Quando acede a essa conexão com a Fonte Divina e Infinita, a sua vida é regida por princípios elevados. E então a manifestação deixa de ser um problema, porque compreende que, se Deus é e nada mais é, então tem sempre tudo o que precisa, porque tudo *Já É*.

Continuaremos avançando para que tenha um guia preciso da importância disso. Porque mais do que um curso de manifestação, a Verdade é um facto. Se no final compreender alguma coisa, deve ser isto: é um criador ambulante. Tudo o que atrai — goste ou não — chegou pelo seu nível de frequência. A sua energia atrai ou repele o que precisa para o seu processo evolutivo. O problema não é a falta de poder, mas a nossa inocente negligência dessa realidade tão poderosa.

> *«Assim como pode criar na sua vida o que quiser, também pode mudar tudo o que desejar. Nada é permanente, exceto a mudança.»*

Mas como fazemos para mudar uma situação na nossa vida? A resposta é simples: se tudo responde ao nosso estado de frequência — criado pelos nossos pensamentos predominantes —, o que temos de fazer é mudar esses pensamentos, passar para o lado ativo e... elevar o nosso nível de consciência.

Antes de entrarmos neste campo intangível, deixo-lhe um resumo claro sobre a atração e a repulsa do que deseja, para que, a partir de agora, não tenha de continuar a procurar a verdade lá fora e comece a viver como criador de circunstâncias, não como vítima delas.

Passos precisos para atrair para a sua vida o que deseja e transformar qualquer situação:

1. **Defina o que quer.** Faça uma lista durante cinco minutos com aquilo que mais deseja e imagine que é impossível falhar na tentativa de o obter.

2. **Avalie a sua lista.** Leia-a e classifique cada desejo de 1 a 10, de acordo com o quanto realmente acredita que pode alcançá-lo num prazo de seis meses. O 1 representa «não acredito que posso» e o 10 «estou convencido de que posso».

3. **Filtre as suas prioridades.** Concentre-se apenas nos desejos que estão em 8, 9 ou 10. Descarte os outros por enquanto; ainda não é o momento.

4. **Trace um plano.** Desenhe um caminho que, na sua opinião, o aproxime desses objetivos.

5. **Visualize todos os dias.** Reveja os seus objetivos vendo-se como se já os tivesse alcançado e agradeça por eles.

Um indício claro de que está no nível adequado de vibração é que realmente sente que está a conseguir. Sentir-se-á alegre, pleno, realizado. Se esses não forem os seus sentimentos, significa que a sua convicção não estava na escala de 8, 9 ou 10, e deverá repensar novos objetivos.

Sei que muitos ensinam a sonhar grande, e considero isso valioso: deve fazê-lo. Eu mesmo educo constantemente a minha mente para levá-la a objetivos que hoje parecem impensáveis, mas faço isso como um **exercício de expansão**. Se ficar apenas a sonhar com coisas que percebe como muito distantes, a única coisa que conseguirá será afastá-las ainda mais. Este exercício ajuda-o a reconhecer os seus limites atuais, mas também o impulsiona a expandir-se pouco a pouco, aumentando a sua confiança neste poderoso recurso e nesta verdade fundamental.

Quando descobri o documentário *O Segredo* e o seu ensinamento sobre a Lei da Atração, percebi que às vezes funcionava e outras não. Era frustrante sentir que não pertencia ao grupo de pessoas que conseguiam atrair o que desejavam. Depois de vários anos a aplicar esta técnica, posso garantir que funciona 100% das vezes. A diferença está no nível de consciência: a partir de um estado inferior, a nossa mente continua dual e se apega à carne, à forma e aos processos lineares de A, B e C, o que nos faz acreditar que existe a possibilidade de que a manifestação ou atração não funcione, e onde há dúvida, há medo, e onde há medo, não há fé. E sem fé... não há manifestação.

O convite que lhe faço agora é para treinar uma parte da sua mente com o mesmo empenho que alguém coloca no seu desporto favorito quando quer tornar-se realmente bom. Não se trata de tentar; trata-se de decidir. Este é um processo de educação, transformação e expansão que se tornará cada vez mais quântico. E embora possa parecer, não é magia nem acaso: funciona quando o faz funcionar. Quanto mais o praticar, mais verificará que funciona sempre. Mas se o deixar a meio, não espere mudanças completas.

Para que não lhe aconteça o mesmo que me aconteceu quando descobri isto, quero ensinar-lhe algo poderoso e subtil, mas essencial: o princípio que sustenta todo este processo de Ser e de atrair para a sua vida exatamente o que deseja. E lembre-se, não lhe ensino isso porque este seja um «livro de manifestação», mas porque **a Verdade da existência é energia, frequência e vibração**, e aprender esses princípios é o que deveria ter sido ensinado a todos nós desde pequenos. 1% usa-os e está consciente deles há gerações, e agora é hora de você levar essa informação com o devido respeito que ela merece. Ensinaram-nos muitas coisas, mas não a pensar e a discernir a verdade. E a verdade, caro leitor, é espiritual. Portanto, se não começar a familiarizar-se com o que não vê, estará sempre um passo atrás daqueles que se movem no mundo do exponencial.

STOP 7: ELEVANDO O NÍVEL DE CONSCIÊNCIA

Não pode esperar que uma única frase transforme a sua vida para sempre. Para que as nossas bases de jogo sejam sólidas, claras e elevadas, o compromisso deve estar em **elevar o nosso nível de consciência** e, portanto, o nosso estado de frequência.

Veja, tudo no universo tangível é energia, e a energia vibra. Os seres humanos são canais diretos dessa energia, por isso o seu corpo é tão importante. Neste ponto, aprenderá a usá-lo ao máximo como canal da Divindade e como fonte inesgotável de energia. O conceito de «cansaço» será erradicado da sua mente, porque, como já compreendeu nas páginas anteriores, não é real. Mas como posso ter tanta certeza disso?

Durante décadas, o Dr. David R. Hawkins estudou os níveis de consciência humana e criou o **Mapa da Consciência**, um guia preciso para identificar onde está e para onde pode ir.

O mapa é o seguinte:

Nível	Calibração	Emoção	Visão da vida
Iluminação	700-1000	Inefável	É
Paz	600	Felicidade	Perfeita
Alegria	540	Serenidade	Completa
Amor	500	Veneração	Benigna
Razão	400	Compreensão	Significativa
Aceitação	350	Perdão	Harmoniosa
Entusiasmo	310	Otimismo	Esperançosa
Neutralidade	250	Confiança	Satisfatória
Coragem	200	Afirmação	Consentimento
Orgulho	175	Desprezo	Exigente
Raiva	150	Ódio	Antagonista
Desejo	125	Anseio	Decepcionante
Medo	100	Ansiedade	Assustador
Pena	75	Arrependimento	Trágico
Apatia	50	Desespero	Desesperança
Culpa	30	Culpa	Maligna
Vergonha	20	Humilhação	Miserável

Como pode ver, os níveis abaixo de 200 correspondem aos estados vibracionais mais baixos e tendem a destruir a vida. Na verdade, abaixo de 20, uma pessoa está muito próxima da morte.

Por outro lado, a partir de 200, o ser humano começa a experimentar uma visão mais positiva e expansiva da vida. A partir desses estados, o corpo e a mente alinham-se cada vez mais e adquirem uma visão mais harmoniosa de Deus e da existência.

Algo fundamental a compreender é que **a nossa frequência flutua constantemente**. Nenhum dia será igual ao anterior, nem podemos controlar que amanhã tudo seja idêntico. O verdadeiro poder humano reside na **escolha consciente dos nossos recursos** — como os que já viu anteriormente — e, acima de tudo, no exercício desse grande poder que quase nunca usamos: **escolher**.

Ninguém em sã consciência escolheria conscientemente viver em sofrimento, medo, culpa ou vergonha. Então, por que habitamos esses estados com tanta frequência?

A resposta é simples: porque muitas vezes não temos consciência suficiente para discernir entre a voz do ego (o «Diabo») e a voz da verdade (Deus). Uma pessoa que não distingue entre pensamentos elevados e pensamentos negativos acaba por viver o que «lhe cabe», e isso geralmente é tudo menos o que realmente queria. Ao se contentar com o que tem, deixa de pedir e, como não pede e não tem fé, não recebe.

Frequentemente caímos em estados de baixa frequência porque não levamos a vida com a responsabilidade que ela merece. Damos como certo o essencial: estar vivo, respirar, ter um corpo, pensar, falar. Ao dar isso como certo, esquecemo-nos da própria vida.

Já reparou que aqueles que costumam estar mais conectados com a Divindade são aqueles que vivem rodeados de e a natureza — nas montanhas, florestas, rios ou praias? Por que isso acontece? Porque o seu ambiente está impregnado de pureza, grandeza e vida, e essa normalidade se transforma em paz interior. Isso não significa que você tenha que se mudar imediatamente para um ambiente natural, mas que compreenda que **o que você normaliza na sua vida externa modifica todo o seu mundo interno.**

> «Se normalizar a dor e o sofrimento, isso é o que receberá. Se normalizar a doença, isso é o que receberá. Se normalizar a riqueza e a paz, isso é o que receberá.»

Você sempre atrai aquilo que vibra com você. Mesmo as situações desconfortáveis ou as pessoas que você não suporta, mas que aparecem todos os dias, estão lá porque ressoam com o seu campo. Tudo está sendo criado por você e para você. E quando você começa a refletir sobre isso, o véu começa a cair por si só. Você não precisa arrancá-lo; a luz, pouco a pouco, dissolve a escuridão.

O mapa da consciência é uma ferramenta prática para estabelecer um ponto de partida no seu dia a dia. Familiarize-se com ele e use-o para normalizar estados <u>elevados e e</u> , lembrando-se sempre de que a culpa, a apatia ou o medo nunca são terrenos férteis. Seja o que for que faça, faça-o com uma intenção amorosa e elevada.

Em qualquer nível abaixo de 200, um dos <u>catalisadores</u> mais poderosos para se elevar é o perdão. Tudo o que o incomoda, o que lhe causa vergonha, que gera culpa ou qualquer outro fardo que esteja a sentir, pode dissolver-se num único instante de compreensão e perdão.

Ao contrário do que nos foi ensinado por muitas religiões, o verdadeiro perdão não é aquele que «apaga os pecados», mas aquele que dissolve a crença de que o conflito que você experimentou foi real. Se entendermos o «pecado» como aquele conflito que gerou culpa e a necessidade de pedir desculpas, então o que realmente precisamos não é carregá-lo, mas transcendê-lo.

No meu livro *Conheça o único princípio*, aprofundo mais este tema, porque se fazemos algo pouco elevado e, em vez de aceitá-lo e aprender, caímos na culpa, não só não crescemos, como derrubamos a nossa vibração até ao chão.

Agora, se observar o mapa com atenção, notará que até a raiva tem um papel importante, pois vibra mais alto do que estados como o medo ou a apatia. Portanto, nenhum desses estados de consciência deve ser rotulado como «bom» ou «mau». É um mapa, e um mapa não é moral: é simplesmente um guia que nos ajuda a ter perspectiva e a escolher. Você pode escolher em que estado vibrar.

E mesmo que muitas vezes se descubra em frequências baixas, agora sabe que existem mais possibilidades. E só essa lembrança já é revolucionária.

À medida que o seu compromisso crescer, a sua consciência também crescerá. Isso fará com que a sua frequência e vibração subam no mapa, aproximando-o cada vez mais de Deus e, ao mesmo tempo, dos seus sonhos.

Lembre-se: o que você quer também quer você. Mas para aceitar essa ideia, é necessário entrar em estados de unidade e não de separação. Para compreender que aquilo que você deseja também o deseja, primeiro você precisa aprender a amar a si mesmo, tratar os outros com amor e colocar Deus na equação da sua vida.

STOP 8: ADQUIRINDO O ÚNICO PROPÓSITO NECESSÁRIO

Para que possamos avançar com absoluta certeza, devemos avançar com Deus. Não há mais. Serei enfático com isso porque quero que você pare de se desviar com mensagens que só serviram para confundi-lo.

Olhe, não sabemos exatamente o que nos mantém vivos, mas sabemos claramente que não controlamos nem a nossa vida nem a nossa morte. Estar vivo não é um ato casual ou causal: é sincrónico, perfeito e inexplicável.

Hoje você vai dormir e amanhã acordará sem se lembrar do momento exato em que adormeceu. Mas um dia isso não acontecerá. E não há nada de errado nisso. O que realmente importa é este facto: **você está vivo hoje.**

Nós, seres humanos, caímos constantemente na armadilha de acreditar que o «mais tarde eu faço» é real, que o «depois» existe, que o futuro está garantido. E é isso que quero evitar que aconteça consigo, não porque seja «perigoso», mas porque é precisamente essa forma de pensar que lhe rouba a possibilidade de viver agora. Muitos temem a morte, mas não percebem que não estão a viver no presente precisamente por causa desse medo. E essa deveria ser a definição correta e e de «morte»: viver num espaço de tempo que não existe agora.

Se conseguir caminhar sem dúvidas, chegará ao que todos, no fundo, queremos: viver. E viver não tem a ver com o lugar onde está, com as pessoas que o rodeiam, com o que faz ou com o que tem. Viver é um estado interno. Ou se sente vivo, ou não se sente vivo. Uma mente preocupada não pode sentir-se viva. Uma mente cheia de medo não pode sentir-se viva. Para transbordar de estados elevados — para habitar altos níveis de consciência — o seu propósito deve ser claro, preciso e alinhado com um bem maior: alinhado com Deus. E o que Deus quer? O mesmo que você!

Muitas pessoas esperam momentos de adversidade ou catástrofe para olhar para Deus e conectar-se com o inexplicável. Mas não precisa esperar que um conflito chegue. É muito mais poderoso escolher a Verdade quando tudo está bem do que quando não está.

«Jesus disse-lhe: Porque me viste, Tomé, creste; bem-aventurados os que não viram e creram.» *(João 20:29)*

O ilimitado encontra-se no presente, naquele espaço que cria tudo e que, paradoxalmente, parece vazio.

Desde a sua presença, Deus é um consigo e com todos os seres que habitam a Terra. Para se aproximar dessa união, deve entregar-se ao seu propósito sem reservas, afastando todas as distrações ou dúvidas que possam interferir no caminho. O curioso é que muito poucos estão dispostos a fazê-lo. Porquê? Porque é mais fácil deixar-se levar pelo conforto. Mas viver com propósito não é viver anestesiado, drogado, com vícios ou fugindo da realidade. Isso não é viver: isso é sobreviver, o que equivale a dizer que entregou a sua vida ao diabo, porque escolheu o conformismo em vez da responsabilidade de entrar no lado positivo da vida e materializar os seus desejos.

Parece um simples jogo de palavras, mas na verdade é a única verdade sobre a vida. Procura «a quinta pata do gato» para acalmar um ego que acredita que «tem de haver algo mais». E não, não tem de haver nada mais do que aquilo que já existe. Porque isso é a única coisa que existe e a única coisa que existirá.

Lembre-se: **Deus É, e nada mais é.** O mesmo com a sua vida: **a sua vida é, e nada mais é.**

A questão é: que vida escolhe para si?

Compreenda isto: qualquer coisa que você queira que seja diferente do que já tem agora o levará diretamente ao sofrimento, porque o separa de Deus. Em contrapartida, reconhecer e agradecer tudo o que já tem o aproxima de Deus, porque o alinha com a frequência da gratidão, que diz: «tudo já me foi dado».

Tem um grau tão alto de livre arbítrio que pode escolher a vida que vai viver: uma vida de sofrimento ou uma vida de gratidão constante. E embora pareça drástico, não é nem um pouco. Num avião pode haver turbulência, mas isso não significa que tenha de perder a paz... a menos que continue a acreditar que é apenas o seu corpo.

A resistência natural a este tipo de afirmações está geralmente ligada ao impulso do ego de nos lembrar continuamente que somos ele. Como está intimamente ligado ao corpo e a tudo o que acredita possuir, qualquer coisa que escape ao seu controlo ativa todos os alarmes do seu sistema. O ego não quer morrer; ou busca a morte como libertação. O seu maior problema, como você notará, é que ele acredita que existem problemas. Ele acredita que estar vivo é doloroso e que não estar vivo também o seria. Em vez de brincar com a dualidade, ele acredita que é a dualidade.

A televisão e as redes sociais são hoje os principais canais de programação mental. Talvez nunca deixem de promover o medo, a divisão e a dependência. Mas pode escolher: não consumir esse conteúdo, deixar de seguir contas que drenam a sua energia, silenciar algoritmos que o hipnotizam ou até eliminar as aplicações que o mantêm preso.

A televisão pode ser desligada. O telemóvel também.

A Netflix talvez nunca deixe de oferecer filmes de terror, mas pode optar por não pagar a Netflix ou simplesmente não os ver.

As vacinas talvez continuem a ser usadas como ferramentas de manipulação, mas pode optar por não se vacinar ou fazê-lo com consciência e amor.

Os governantes podem continuar a apelar para os seus próprios benefícios e não para os da população, mas pode começar a apelar para os seus e para o bem comum daqueles que o rodeiam.

A vida pode não ser «justa», mas pode viver em paz.

A morte pode ser inevitável, mas neste momento está vivo.

Se algo encerra a verdade, é a compreensão. Compreender que o único caminho para o amor é integrar o jogo em que estamos. Temer o que vai acontecer não é estar vivo, é sentir-se separado da vida. E essa separação é que, pouco a pouco, o afasta de Deus, dos seus sonhos e da vida que realmente merece.

> «Nada na vida tem o poder de lhe fazer mal, porque não é algo que possa ser prejudicado. Lembre-se: tem um corpo, mas não é esse corpo.»

STOP 9: VIVER EM ALINHAMENTO ABSOLUTO

Muitos acreditam que adquirir bens materiais é errado, quando na verdade o único «errado» é o julgamento que rotula algo como bom ou mau. A vida dos outros faz parte da sua projeção inconsciente. O que vê nos outros reflete algo de que precisa para o seu próprio caminho: para aprender, integrar ou descobrir algo que antes não conseguia ver . Sim, pode ser difícil saber disso. Mas estou a dizer-lhe na sua cara que não existe um tal «outro» que se intitule parceiro, amigo, mãe, pai, etc. Tudo nesta vida conspira a seu favor, mesmo que esse favor esteja camuflado na maior e mais importante lição da sua vida.

Com a única Verdade, nunca lhe direi que não possua nada. O que sempre lhe lembrarei é que tudo o que «possui» na verdade não é seu: apenas o administra. É verdade que pode comprar coisas, ter um parceiro, amigos, família ou animais de estimação. E é igualmente verdade que, num nível mais profundo, não tem nada disso.

Quanto mais avança no seu desenvolvimento interior e na sua conexão com Deus, mais compreende que as coisas do mundo são ferramentas: servem para equilibrar o desapego com os apegos. Aos poucos, deixam de ter o peso que tinham no início, mas mesmo assim permite-se usá-las e apreciá-las porque, simplesmente, está vivo.

Há quem decida não comprar nada e se afaste completamente do capitalismo, como muitos iogues. Mesmo assim, se continuam vivos, consomem água ou alimentos, embora o façam com plena consciência. Os alimentos, por mais elevados que sejam, pertencem à escala pragmática.

Não têm consciência, por isso não têm grande importância por si mesmos. O seu papel não é levá-lo à iluminação, mas sim não interferir com ela.

Comer com presença e consciência eleva mais a sua energia do que qualquer ingrediente em si mesmo. Um alimento pode ser puro, mas se for consumido com apego, medo ou desordem, a sua frequência diminui.

O seu propósito é outro: sustentar o seu corpo, evitar distrações e acompanhar o seu propósito, não substituí-lo.

Seja qual for o caminho que escolher, lembre-se sempre de fazê-lo a partir da integração e não da separação. Por mais perto que esteja de Deus, por mais consciente que seja, se o seu propósito é dar e partilhar, usar as coisas do mundo não deve gerar nenhum conflito.

Na minha experiência pessoal, não escolhi o caminho do isolamento nem o do minimalismo extremo, mas também não o da acumulação. Como talvez já saiba, partilho a minha vida nas redes sociais: as coisas que deixo ir e as que escolho, os lugares que habito e os aprendizados que vou integrando ao longo do caminho.

Esse compartilhamento não é casual: faz parte do meu propósito. Através desses conteúdos, inspiro outras pessoas a questionarem-se, a despertarem, a agirem com mais consciência.

Sim, também gerar receitas com isso. Milhares de dólares que chegam como consequência direta de viver com coerência, de escrever livros que despertam, de formar comunidades e criar produtos alinhados com o que ensino.

No início, integrar isso foi conflituoso para mim. Aceitar que eu seria um autor reconhecido e milionário, e que parte do meu propósito seria mostrar tudo — o material, o espiritual, o simples e o luxuoso — foi desafiador. No mundo, há muita rejeição em relação àqueles que conseguem viver do que amam, porque muitos acreditam que não são capazes de fazer o mesmo. É fácil dizer isso, mas quando se vive essa experiência, compreende-se que mostrá-la também é um ato de serviço: porque demonstra que é possível.

Há algum tempo, visitei um templo budista no Uruguai, onde compreendi algo que me marcou profundamente:

> «Um verdadeiro mestre é aquele que se ilumina, mas desce ao mundo para iluminar os outros.»

De que servem tantos entendimentos ou uma maneira elevada de viver se não servem a mais ninguém? Diz-se que encontramos a felicidade ajudando os outros a encontrá-la e, com o tempo, cada vez mais confirmo que isso é verdade.

Claro, a verdade pode ser incómoda e escolher iluminar pode fazer com que vários "bichinhos" o ataquem — afinal, eles sempre vão para a lâmpada acesa. Mas, apesar disso, o caminho da verdade é aquele que qualquer ser humano merece viver. **Você merece viver com Deus.**

Agora, como podemos viver em absoluta alinhamento, sustentando a nossa verdade e sentindo-nos próximos de Deus?

1. **Tendo clareza do que você quer.** Defina com precisão o que você deseja e caminhe todos os dias em coerência com essa verdade.

2. **Sendo íntegro.** Quando rejeitamos os outros ou nos afastamos do que nos gera conflito, apenas adiamos o nosso processo evolutivo.

3. **Iluminando os outros no caminho.** Avance espiritualmente a passos largos, mas não se esqueça de voltar e partilhar.

Quero deter-me um pouco neste último ponto antes de passarmos a descobrir a matriz.

Sempre que acumula demasiado no plano material — objetos, comida, relações — corre o risco de se desligar do plano espiritual. Por isso, o investimento que faz no seu Ser é crucial: permite-lhe estar sempre acima do plano material.

O que é investir no Ser?

Investir no Ser é dedicar recursos — tempo, energia, dinheiro e atenção — ao que o expande internamente. É escolher o silêncio em vez do ruído. É pagar por uma mentoria em vez de comprar algo que não precisa. É deixar de se distrair com telas para olhar para dentro ou começar a estudar um bom livro. É semear no eterno e não apenas no imediato.

Investir no Ser nem sempre é visto como um retorno imediato, mas transforma desde a raiz tudo o que você É e, portanto, tudo o que você Tem.

Curiosamente, muitas vezes é quando sente que se elevou demais que se torna mais útil adquirir algo material: **ter através do fazer.**

Isso revela algo que muitos ignoram: a fórmula só funciona em verdadeiro alinhamento, quando cada componente é usado com consciência.

Sim, no início parece que a única coisa com que devemos nos preocupar é o Ser. Mas o Ser vai crescendo, mudando, expandindo-se. O que hoje são ações elevadas, amanhã podem não ser. O que hoje deseja ter, amanhã pode transformar-se em outro anseio. E tudo bem. A chave está em nos adaptarmos sem perder a base sólida: um Ser capaz de sustentar qualquer adversidade ou qualquer sucesso que venha.

> *«O verdadeiro sucesso nasce quando somos capazes de fluir com as mudanças da vida a partir da paz e do alinhamento interior.»*

Conhecer a Única Verdade foi para mim um chamado da consciência, um movimento que sinto que está a revolucionar o mundo inteiro. Muitos dizem que a única Verdade é Deus, ou que o único livro que a contém é a Bíblia. Mas há muito mais em que podemos aprofundar. Porque, acredite no que acreditar, leia o que ler, por trás de tudo há uma certeza: **a única Verdade é a mesma para todos**, embora cada indivíduo a perceba de maneira diferente, filtrada pela Fonte que nos criou.

No próximo capítulo, vamos ultrapassar limites e barreiras. Vamos procurar respostas para essas perguntas que todos nós já nos fizemos alguma vez e que, até agora, só nos geraram incerteza. Como disse no início, não se trata de acumular mais informação nem de aprender algo «novo». Pensar que precisamos de algo coloca-nos em carência. O convite é para observar, para interiorizar o que ler a partir de um lugar empoderado, que lhe permita ir além dos seus limites atuais. Porque a partir de cada compreensão verdadeira, a sua vida se torna mais rica, abundante e plena.

Neste ponto, qualquer pessoa que tenha interiorizado e aplicado o que foi partilhado no primeiro capítulo poderá compreender de forma mais clara como este mundo está organizado, quais as redes que se movem por trás e encontrar respostas profund s para perguntas que têm vindo a pulsar no seu interior há anos. O capítulo dois de A Verdade é um lembrete, nada mais. Vamos unir pontos, conectar ideias e descobrir que sempre soube o caminho, que a única Verdade sempre esteve lá. Isso trará paz, alegria e plenitude, simplesmente pela compreensão desta existência.

Este capítulo é profundo, mas devolver-lhe-á o mais importante: **o seu poder.**

"O sistema", "a matrix", encarregou-se de enviar mensagens de separação, medo e conflito. Isso levou grande parte da humanidade a esquecer o maior presente com que Deus nos colocou neste mundo: **a responsabilidade.**

> *"Nunca mais pense que está condicionado. Lembre-se: você está programado. Se está programado, pode ser desprogramado. A responsabilidade é sempre sua, e esse é o presente que Deus tem para você."*

Agora que já não anda à deriva, está pronto para ver. Não com os olhos do mundo, mas com os da alma.

CAPÍTULO 2

DESCUBRIENDO LA MATRIZ

Este capítulo é uma **descida sagrada**. Mas não para a escuridão, e sim para a raiz das programações que impediram a humanidade de lembrar quem ela realmente é.

Vamos dividi-lo em duas fases. Não porque elas estejam separadas, mas porque se manifestam em planos distintos do mesmo engano.

Fase 1: A programação do sistema e o medo

Nesta primeira parte, vamos observar como se estrutura a Matrix visível: governos, meios de comunicação, doenças induzidas, controlo emocional, guerras e distrações em massa. Não a partir da paranóia, mas a partir da consciência.

Aqui compreenderá como o medo foi semeado como estratégia para cortar a sua ligação com o corpo, com a energia, com a saúde e com o poder natural de cura que lhe foi concedido por direito divino. Mas, mais importante ainda, compreenderá o seguinte:

> *"Tanto a fé quanto o medo exigem acreditar em algo que não vemos."*

Fase 2: As verdades enterradas debaixo da terra... e debaixo de séculos

Na segunda parte, iremos mais fundo. Desceremos até as bases mesmas desta realidade:

- O que aconteceu com os gigantes?
- Porque é que não nos falaram sobre civilizações anteriores?

- Quem nos projetou geneticamente?
- Por que tantas provas são ocultadas ou ridicularizadas?

Aviso-o: esta fase não é confortável nem pretende ser racional. Mas quem se atreve a atravessá-la com o coração aberto acede a uma memória mais antiga do que qualquer história oficial: a memória da sua verdadeira origem... e com ela, a memória da sua **magnificência**.

PARTE 1: É HORA DE ACORDAR

Estabelecidas as bases do seu Ser, prosseguiremos para compreender a Matrix a partir de uma perspectiva mais oculta. Mostrar-lhe-ei grande parte do que está por trás deste mundo para que comece a entender que há coisas que não sabia... e que nunca saberá completamente. Isto não só ampliará a sua mente, como desbloqueará novas possibilidades na sua própria existência.

Quando pensa que há escuridão, você é o único capaz de acender a lâmpada e dar luz. A Matrix não é algo de que irá escapar exatamente, mas é algo que poderá aproveitar para que a sua alma continue a evoluir enquanto joga do lado ativo do infinito, como já aprendeu a fazer.

> *"Para ver a verdade completa, às vezes é preciso entrar na cela onde você mesmo se trancou. Não para ficar lá, mas para ver com clareza as correntes que o prendem à dor, ao medo ou à mentira. Esta seção não pretende assustá-lo, mas ajudá-lo a encarar o que o mantém preso... e lembrá-lo de que a chave sempre esteve em seu poder."*

O CONTROLO DA HUMANIDADE

Hoje em dia, a televisão continua a ser o principal canal onde as notícias são transmitidas e onde mais drama é projetado. Mas este «vírus informativo» também se espalhou pelas redes sociais. Onde quer que esteja, faça o que fizer, inevitavelmente se deparará com alguma notícia trágica que o convidará a sintonizar-se com o medo coletivo.

No entanto, aconteça o que acontecer lá fora, há algo que nunca deve esquecer: é você quem está a criar tudo o tempo todo. Todas as notícias que o fazem vibrar mais baixo não aparecem por acaso: aparecem porque já estavam nessa frequência. Se sintonizou com elas, é porque já as carregava dentro de si.

Em grande escala, o que tem de lembrar é o seguinte: é uma antena energética conectada ao campo quântico.

> *«Se todos compreendessem que o seu corpo é uma antena capaz de sintonizar diretamente com a Fonte Infinita, nunca mais haveria medo, doenças ou infelicidade nos corações humanos.»*

Quando falo de "vírus", refiro-me à arma mais poderosa que a elite usa para manipular a humanidade: **o medo**. Através do medo, da incerteza e da repetição, instalam na mente coletiva frases como: "o mundo está em caos", "todos vamos morrer", "uma nova guerra está a chegar". E não é apenas quando há eventos massivos. Mesmo nos momentos "tranquilos", a programação continua: roubos, assassinatos, doenças, inflação, acidentes. O medo nunca descansa.

E o jogo de controlo não termina aí. Nos últimos anos, vimos como, com um único clique, podem deixar milhões de pessoas sem nada. Parece coincidência que, em março de 2025, tenha sido solicitado na Europa que fossem preparados kits de sobrevivênc es — com alimentos, água, lanternas e rádios — e que, poucas semanas depois, um apagão em massa tenha deixado milhões de pessoas na Espanha e em Portugal sem eletricidade por mais de 10 horas? Isso não é paranóia. É um planejamento estratégico para medir a reação humana diante de um colapso induzido.

E não é a primeira vez.

Lembra-se do surto de gripe suína em 2009? Do SARS em 2003? Do Ébola? Da SIDA nos anos 80? Sempre o mesmo padrão: **medo em massa + campanha mediática + solução imposta** (vacinas, medicamentos, restrições). E por trás de tudo, a mesma mensagem velada: «não tem poder sobre o seu corpo nem sobre a sua vida; precisa que nós o salvemos».

A verdade vem para lembrá-lo exatamente do contrário: **sim, você tem poder!** Sempre teve, porque faz parte da Fonte. Você pode reivindicar esse poder assumindo a responsabilidade pelos seus pensamentos.

Nunca esteve realmente em perigo. A única coisa que adoeceu o seu corpo repetidamente foi a crença de que poderia adoecer. A única coisa que atraiu essas situações dramáticas foi a sua frequência. Nada mais.

Não se trata de culpa. Ninguém tem culpa de nada.

Você e eu não somos responsáveis pelo que os noticiários transmitem. Mas somos 100% responsáveis pelo que escolhemos consumir, acreditar e aceitar.

Por que acha que a única coisa que mostram são mortes, catástrofes, guerras, roubos e pandemias? Porque é o que as pessoas consomem com mais avidez. **O medo gera dependência**. Essa sensação de estar «informado» cria a ilusão de controlo. Mas a única coisa que controla é a sua frequência... e, consequentemente, a sua vida.

Se isso ainda lhe parecer estranho, tente o seguinte exercício: no YouTube, TikTok ou Instagram, procure o seguinte: *notícias alarmantes de hoje*. Veja pelo menos 5 minutos dessas informações. Quando terminar, escreva com suas próprias palavras como se sentiu.

Depois, escreva no buscador: *animais engraçados* e consuma esses vídeos durante 5 minutos. Ao terminar, escreva novamente como se sente agora.

CONHEÇA A ÚNICA VERDADE

Alguns podem pular este exercício porque acham que a conclusão é muito óbvia. E, paradoxalmente, são eles que mais precisam dele.

A verdade é que somos altamente influenciados por tudo o que nos rodeia. Se não tomar plena consciência de que o que vê e ouve influencia diretamente o seu campo energético, continuará a dormir, a distrair-se e a afastar-se da única verdade.

Com o mundo tão globalizado, basta uma chamada, um tweet, um clique... e milhões de pessoas entram em pânico ao mesmo tempo. Por que isso acontece? Já dissemos: por controlo. Mas por que funciona? Porque ainda não assumiu o seu verdadeiro poder interior.

Não se assuste. Isto não é uma reclamação nem um desabafo, é um facto. Tem o direito de questionar tudo, inclusive isto. Mas considere-o como uma chave que abre a porta para a verdade. Ainda não viu nada. Mal começámos. Aperte o cinto, porque as próximas páginas podem desencadear um terramoto na sua consciência.

Como diz uma frase popular: «Quem controla os meios de comunicação, controla as mentes.» Mas vou dizer-lhe algo ainda mais forte: «Quem domina a sua mente, não pode ser controlado por ninguém.»

> *«A única coisa que adoece uma pessoa é a sua crença de que pode adoecer.»*

Também não tome esta frase como verdade absoluta. Observe-a. Questione-a. Pergunte a si mesmo: **e se você nunca esteve doente, mas simplesmente desconectado da sua verdade?**

Se ouvisse dia e noite que milhares de pessoas estão a morrer, não sentiria medo? Eu também sentiria. Mas esse medo não protege, envenena. Porque o medo é a doença mais silenciosa e letal que existe.

Por isso repito: **o verdadeiro vírus é o medo. E a verdadeira cura... é você.**

É ASSIM QUE «ELES» GANHAM DINHEIRO

Era 2019 e eu morava na casa dos meus pais, tinha acabado de sair do emprego onde trabalhava das 9 às 6 para me dedicar a «empreender pela internet». O meu empreendimento naquela época era analisar os mercados financeiros e especular com a compra e venda de moedas para ganhar dinheiro nas transações, o que e mente conhecido como «trading». Embora não estivesse a ir bem, estava muito atento às notícias mundiais, pois são elas que mais afetam um mercado que nada mais é do que pura emocionalidade coletiva.

Consumir notícias e estar a par do que se passava no mundo financeiro fazia parte da minha rotina diária.

Durante anos, vi em primeira mão o quanto a economia é manipulada por dentro. Como, repetidamente, os preços do dólar e de outras moedas são manipulados com notícias falsas ou atrasadas para acumular mais dinheiro e permitir que as grandes empresas fiquem cada vez mais ricas.

Naquela época, dizia-se constantemente que os mercados não podiam se manter no seu ponto mais alto, que tudo o que sobe tem que descer e que a qualquer momento algo aconteceria.

Mas é claro que nada cai "porque sim". Sempre é necessário um gatilho externo, uma catástrofe mundial que justifique um movimento brusco de queda. E a COVID foi a ferramenta perfeita.

> *«Quando o medo se espalha, a riqueza reorganiza-se. E sempre para os mesmos bolsos.»*

A realidade é que o dinheiro segue os que estão despertos. O dinheiro é atraído pela responsabilidade, não pela desculpa. Porquê? Porque tudo é energia. Além de ser um papel ou um bit, o que temos ou não temos na nossa vida responde diretamente à nossa vibração.

Ou ainda acha que milhões de dólares vão cair na sua cabeça enquanto continua a acreditar que ser rico não é totalmente ético?

Costumamos subestimar o facto de que o dinheiro é o combustível do plano pragmático. Tudo acaba, de uma forma ou de outra, com fins políticos ou religiosos — as duas entidades com mais seguidores na história da humanidade.

Isso é o que está por trás de um simples vírus: medo. E usar o medo como arma de manipulação também não é novidade. A Igreja fez isso desde o seu início, ao implantar a ideia dos pecados capitais que levam diretamente ao inferno.

A nossa mente, inconscientemente, está programada para evitar a dor. Por isso, muitas vezes agimos mais por medo do que por amor. Se tudo o que vemos lá fora são contágios e mortes, a semente do medo começa a crescer até chegarmos ao ponto de acreditar, sem dúvida, que tudo isso é real. O mesmo acontece com qualquer crise: se todos os dias ouve que o mercado está em queda ou que não há dinheiro, acaba repetindo isso dentro e fora de si, e adivinhe... é isso que acaba vivendo.

> *«Onde coloca a sua atenção, coloca a sua energia.*
> *E onde coloca a sua energia, o que observa*
> *expande-se.»*

Então, talvez se pergunte: devo ignorar completamente o que acontece no mundo?

A resposta é: não necessariamente. Dentro deste mundo existem vários mundos. A sua mente é uma, assim como a do seu vizinho, do seu parceiro ou dos seus pais. Cada pessoa habita a sua própria realidade e, a partir daí, cria e contribui para a realidade coletiva.

Portanto, não se trata de ignorar os outros, mas de tornar-se consciente de si mesmo e escolher a partir de onde quer criar e interagir.

Se vibrar na carência, a carência criará. Uma pessoa que fundou uma empresa teve que pensar com abundância para criar um produto ou serviço e oferecê-lo ao mundo. Caso contrário, nada do que conhecemos hoje existiria. Muitos confundem-se acreditando que o que precisa de ser mudado é o sistema externo. Essa é a armadilha do misticismo: continuar a apontar o dedo aos outros — ao governo, à política, à religião, à elite, aos iluminados, aos maçons, às empresas, até mesmo a outros empreendedores. Essa é a parte mais baixa da escala vibratória, porque a única coisa que transmite ao mundo é: *"Olha, sou uma vítima. Entreguei todo o meu poder. Não quero ser responsável por nada".*

Como aplicar isso a uma pandemia ou a qualquer situação no mundo?

Vou dar um exemplo simples que também pode ser aplicado na sua vida diária. Todos nós, por livre arbítrio, temos quatro maneiras de proceder. Tomemos o caso das vacinas, que em muitos lugares eram um requisito para trabalhar ou realizar procedimentos burocráticos.

AS 4 FORMAS DE ESCOLHER: MEDO OU AMOR

1. Medo direto.

Imagine que o governo diz que você deve ser vacinado para continuar trabalhando ou estar seguro. Você não quer fazer isso, sente isso no corpo... mas concorda mesmo assim, com raiva, com rejeição, com uma voz interna que grita: *"isso não está certo, mas não tenho escolha".* Você toma a vacina. E faz isso por medo. Como toda escolha nascida da desconexão, o que você recebe é mais sofrimento do que alívio.

2. Medo disfarçado.

Agora imagine que, diante da mesma ordem, você diz: *"Não vou me vacinar, mesmo que me demitam, mesmo que eu seja contagiado".* Parece corajoso, mas se você olhar com honestidade, verá que a raiz continua sendo o medo: medo do sistema, de adoecer, de ceder. A postura é de luta, de defesa. E o que se segue ao medo, mesmo que se vista de coragem, é sempre tensão e conflito.

3. Amor presente.

Imagine que decide vacinar-se. Mas desta vez, não por obrigação, mas por consciência. Respire. Observe. Decida. Antes de receber a vacina, abençoe o momento, o seu corpo, a pessoa que a aplica e até mesmo o seu conteúdo. Não porque confia cegamente, mas porque confia no seu poder de transformar qualquer experiência a partir do amor. Não recebe cura pela vacina, mas porque já estava saudável ao escolher a partir de Deus.

4. Amor firme.

Imagine que decide não se vacinar. Não como um ato de rebeldia, mas como uma expressão da sua verdade interior. Agradece por poder escolher. Não condena ninguém. Não se vitimiza. Sabe que pode haver consequências, mas já não vive para evitá-las, mas para se honrar. A decisão nasce da paz. E essa paz, que não depende do que acontece lá fora, é o seu remédio mais poderoso.

Percebeu? Agir a partir do medo só gera mais medo. Agir a partir do amor, mais amor.

> *«Uma decisão tomada a partir de uma consciência elevada cura mais do que qualquer substância injetada.»*

CONHEÇA A ÚNICA VERDADE

As pessoas costumam complicar-se demais apenas porque não decidem. A decisão, tomada com total presença, é o que cura. A dúvida é o que mata.

É por isso que a cura está sempre diretamente relacionada com o quanto uma pessoa se compromete consigo mesma a ouvir o que sente, com quanta responsabilidade assume por esse sentimento e com quanta consegue transmutar esse sentimento de medo num sentimento de amor. Não se trata de melhor ou pior: trata-se de intenção, de consciência, de responsabilidade interior.

A forma de proceder que partilho aqui pode ser aplicada em qualquer lugar e momento. No seu dia a dia, certamente enfrenta acontecimentos de que não gosta, conversas desconfortáveis ou situações desafiadoras. Se se lembrar de que sempre pode escolher — ficar ou ir embora, falar ou calar-se, agir ou esperar — e o fizer com paz, começará a impregnar toda a sua vida de paz.

É isso que quero dizer quando afirmo que «o mundo interior cria o exterior». Não podemos controlar o que acontece lá fora, mas podemos controlar a nossa atitude.

> *«Se os planos da elite giram em torno do medo e você consegue sentir amor, já ganhou o jogo completamente.»*

Aqui está a chave: faça o que fizer, será sempre difícil. É difícil ter excesso de peso, assim como é difícil treinar todos os dias e deixar de comer o que antes lhe dava prazer. É difícil estar num emprego de que não gosta, assim como é difícil empreender um negócio sem saber se vai funcionar. A diferença está em decidir.

Quando afirmo «é sempre difícil», devemos perguntar-nos: para quem é sempre difícil?

É sempre difícil para o ego, porque o ego não decide. E como ele fica passivamente à espera que as coisas mudem, a sua energia criativa começa a estagnar. Começam as compulsões alimentares, surgem as distrações, as drogas, etc.

Porque enquanto não decide o que quer, tudo parece um fardo. Mas quando determina o que quer e se move por isso, mesmo que exija esforço, desfruta. A única coisa que o deteriora é sentir-se sem rumo e conformar-se com o que «lhe cabe». O que dá vida exige movimento, porque absolutamente tudo nesta Matrix é energia.

E como seres energéticos, levemos esse poder à ação para jogar o jogo como realmente merecemos.

SERES ILIMITADOS A JOGAR UMA EXPERIÊNCIA LIMITADA

Visto tudo o que explorámos, parece lógico que o principal interesse daqueles que controlam o sistema seja evitar que despertemos, que pensemos por conta própria, que olhemos para dentro. Eles sabem que somos profundamente influenciáveis... e têm usado isso a seu favor durante séculos.

Mas quero convidá-lo para algo: pare de pensar que «eles» são seres maus. Essa é uma narrativa puramente religiosa que nos ensinou a acreditar que a maldade está lá fora, assim como a salvação. A elite, afinal, é humana como você e como eu. Se eles fossem reptilianos ou alguma outra raça alienígena... isso realmente importa?

Eu costumava pensar nessas coisas o tempo todo. Fazia mil perguntas. E cada resposta me levava a mais perguntas. Até que um dia me fiz a verdadeira pergunta: *importa realmente saber o que eu quero saber?*

O que compreendi com o tempo foi a importância de simplificar a minha vida. E não estou a falar de ir para o topo de uma montanha meditar 24 horas por dia, mas de me perguntar: como quero viver? O que é que realmente quero? Essa é a questão essencial que marcou um novo rumo de compreensão desta «matriz» para a minha vida.

É por isso que esta obra não procura empoderá-lo a partir da raiva, mas sim da responsabilidade. A partir do único lugar onde pode fazer uso do seu poder absoluto: a decisão. Decidir o que quer é o seu maior presente.

> *"Se o mundo conspira contra si, decidir 'conspirar' a favor da sua verdade não significa enfrentá-los, mas torná-los irrelevantes. Não se combate a escuridão lutando contra ela, mas acendendo uma lâmpada. Despertar não é um , reagir: é lembrar quem é além do personagem."*

E permita-me dizer-lhe algo que talvez já intua. Quando Nikola Tesla disse que "para compreender o universo, devemos pensar em termos de energia, frequência e vibração", não o disse para parecer enigmático. Disse-o porque é real. Tudo o que existe vibra. Tudo o que vibra emite uma frequência. E toda a frequência é uma expressão de energia.

Essa energia está em si: na sua voz, nos seus pensamentos, nas suas palavras, no seu campo. E alguém, em algum momento, descobriu que era possível ativar estados internos do ser humano usando combinações precisas de energia, frequência e vibração. Não estou a dizer isto para surpreendê-lo, mas para mostrar-lhe algo essencial:

Isto não é misticismo. É prático. Não é ficção científica. É realidade. Chamaram-lhe «segredo» porque é demasiado poderoso, mas na verdade não é um segredo: é a coisa mais real que existe e está ao alcance de todos nós a qualquer momento.

Você é, por natureza, um ser ilimitado. Sempre foi. A única coisa que muda é se decide usar essa natureza ou não. No final, este livro é um lembrete dessa verdade. Porque a verdade não é algo que se encontra: é um estado do Ser que se escolhe. Um estado que desperta quando se lembra, integra e encarna todos os dias.

Não é fácil pensar de forma diferente, assim como não é fácil continuar com pensamentos medíocres e crenças limitantes.

«As pessoas mais pobres do planeta não são aquelas que não têm dinheiro na conta, mas as medíocres: porque acreditam parcialmente que podem conseguir e, portanto, não conseguem.»

E agora quero apresentar-lhe um homem que levou à prática real aquela famosa frase de Tesla — que ouvimos tantas vezes nas redes sociais:

O HOMEM QUE CUROU 16 PACIENTES DE CÂNCER COM FREQUÊNCIA E VIBRAÇÃO

Qual é a natureza da realidade?

A resposta a essa pergunta costuma ser ignorada pela maioria da população, embora não por muitos cientistas que compreenderam — e demonstraram — que tudo é composto de energia. E que, ao manipular essas forças energéticas sutis, podemos transformar a nós mesmos e também transformar tudo ao nosso redor.

Por trás dessa visão estava um homem que queria usar essas forças da natureza para curar doenças e levar a saúde e a longevidade da humanidade a um nível completamente novo. Esse homem foi **Royal Rife**, um cientista que não só construiu o microscópio mais avançado da sua época — capaz de observar vírus e bactérias vivas —, mas também curou 16 pacientes com cancro em apenas alguns meses, utilizando o poder da **frequência** e da **vibração**.

A sua descoberta causou tal impacto que, em 1931, um grupo de 44 cientistas se reuniu para celebrar um evento revolucionário ao qual chamaram **de «O fim das doenças»**, convencidos de que a descoberta de Rife poderia permitir o tratamento de qualquer doença através de um dispositivo baseado em frequências simples.

Rife descobriu que cada vírus e bactéria vibrava numa frequência específica à qual eram vulneráveis. Ele chamou isso de **"taxa oscilatória mortal"**, termo que ainda é usado. Primeiro, ele testou em ratos, conseguindo eliminar bactérias, vírus e tumores específicos por meio de frequências eletromagnéticas. Depois, aplicou em humanos... e teve sucesso novamente.

Eis o que Rife declarou após os seus resultados:

«Com o tratamento com instrumentos de frequência, não se destrói tecido, não se sente dor, não se ouve nenhum ruído e não se nota nenhuma sensação. Um tubo liga-se e, três minutos depois, o tratamento está concluído. O vírus ou a bactéria são destruídos e o corpo recupera naturalmente do efeito tóxico. Várias doenças podem ser tratadas simultaneamente.»

Agora, se isso aconteceu há quase 100 anos, por que continuamos a gastar mais de 185 mil milhões de dólares por ano em tratamentos contra o cancro? Por que 1 em cada 3 homens e 1 em cada 2 mulheres sofrem desta doença?

E se a doença for um negócio... e a cura for uma revolução?

Nem tudo foi um conto de fadas. Em 1937, após fundar a sua empresa, Rife foi pressionado por **Morris Fishbein**, diretor da Associação Médica Americana, que tentou comprar os direitos exclusivos da sua tecnologia. Rife recusou. Mas Fishbein, famoso por impedir invenções que ameaçavam o monopólio farmacêutico — apoiado por famílias como os Rockefeller —, não desistiu.

Diz-se que ele financiou um engenheiro da própria equipa de Rife para iniciar um processo contra ele. Embora Rife tenha ganho o julgamento, os custos legais levaram-no à falência. O seu laboratório foi destruído, a polícia confiscou a sua investigação e ele acabou no alcoolismo. Aquela invenção pioneira, que poderia ter mudado a história da medicina, foi quase completamente apagada.

Hoje, o cancro continua a ser tratado com quimioterapia, um método extremamente caro que, em muitos casos, prejudica mais o corpo do que o cura. Milhares morrem não apenas pela doença, mas pelos efeitos dos tratamentos. E ainda assim continuamos a acreditar que o objetivo desta indústria é salvar-nos.

Para além das máquinas, há algo essencial a compreender: **a frequência que adoece pode provir do ambiente, mas a vibração que cura nasce da coerência interna**. Não está num comprimido nem num aparelho. Está na sua escolha diária de elevar os seus pensamentos, emoções e ambiente para o positivo. Curar-se não é uma luta contra o exterior: é um ato de reconexão com o que já é, energia em sintonia com a Vida.

Uma humanidade fraca não é um acidente. É um projeto.

Como disse George Orwell:

«As massas nunca se rebelam por vontade própria, e nunca se rebelam simplesmente porque são oprimidas. Na verdade, enquanto não lhes for permitido ter padrões de comparação, nunca se aperceberão de que são oprimidas.»

E esse é o verdadeiro problema: não o controlo... mas não saber que está a ser controlado. Como saímos dessa hipnose coletiva? Ativando a memória.

Essa memória começa por reconhecer quais frequências consumimos diariamente e até mesmo quais frequências estamos a emitir. Porque se tudo é vibração, tudo o que entra na sua mente também faz parte da sua dieta, e o que sai (o que se vê e se experimenta) é justamente o efeito dessa dieta.

«Pelos seus frutos os conhecereis.» *(Mateus 7:16)*

Quer curar-se? Coloque-se num ambiente onde a cura seja inevitável. Quer ter sucesso? Cerque-se de sucesso. Quer viver com alegria? Vá a lugares onde a alegria não seja uma exceção, mas a regra.

Lembre-se do que vimos no capítulo 1: cada emoção tem uma frequência. De acordo com o mapa de Hawkins, o medo vibra baixo (menos de 100), a aceitação começa a curar (350) e o amor começa a transformar (500+).

Não precisa de ciência exata: basta observar como o seu corpo se sente diante do que consome. Isso já é evidência suficiente.

Há mais de cinco anos que não consumo notícias nem ouço música de baixa vibração. O que é "baixa vibração"? Tudo o que reforça a culpa, o medo, o ódio ou o vitimismo. Desde que deixei esses ambientes, não precisei mais de hospitais nem medicamentos.

Claro que, embora a consciência aumente, continuamos a ter um corpo e aprendizagens a atravessar. Já passei por febres ou mal-estares, mas agora compreendo que as doenças não são inimigas, mas mensageiras: me mostram o que eu não tinha visto e que era importante para continuar a evoluir.

As adversidades não desaparecem. O que muda é a partir de onde as atravessamos. Já não procuro a solução no problema. Hoje tenho a mente limpa, o corpo limpo e, por isso, ideias claras para criar um contexto onde a cura ocorre por si só, já que não penso na ideia de doença.

Incorporei sons de alta frequência ao meu dia a dia: música Solfeggio, taças tibetanas, música medicinal, ópera, música sacra. Tudo o que harmoniza o seu ambiente também harmoniza o seu interior. Porquê? Porque as suas células vibram ao ritmo do contexto que lhes dá.

Não é que se cure apenas por ouvir uma música. Cura-se porque deixa de resistir à vida, e esse som torna-se um canal de entrega. O mesmo acontece quando incorpora instrumentos, cria, escreve, cozinha, abençoa, dança, ri, se move com intenção ou simplesmente sai para caminhar respirando ar fresco com os raios de sol no rosto. Tudo isso eleva a sua frequência e, quanto mais alto vibrar, mais perto de Deus estará. E então... menos doenças aparecem. Ou será que Deus ficaria doente?

Muitas pessoas contactam-me querendo curar doenças específicas. E eu digo-lhes: *Não cure. Viva como Deus viveria.* E ao viver plenamente, o corpo faz o resto.

> *"Curar não é corrigir o que está quebrado. É reconhecer que nunca esteve quebrado. Apenas interpretou uma experiência a partir do medo."*

A doença não é um castigo. É uma oportunidade. O corpo não pode adoecer por si só. A mente não pode adoecer por si só. O espírito nunca pode adoecer.

Então... quem está realmente doente? Apenas quem se esquece de que já está saudável.

Biologicamente, o corpo procura sempre equilibrar-se. A suposta «doença» é apenas um processo de regulação interna. Mas se resistir a sentir, o corpo tem de gritar o que a sua mente silenciou. O corpo não grita porque está danificado: grita porque você foi surdo ao coração.

Toda dor física é uma emoção não vivida. Não sentir adoece. Sentir liberta. A cura começa quando assume o que evitou olhar. E a energia começa a fluir quando decide sentir o que antes rejeitava.

Se está a passar por um processo físico ou mental, ou se alguém próximo está a passar por isso, pode praticar este mantra:

> «Eu cancelo qualquer sistema de pensamento relacionado com o conflito de (nomeie o sintoma físico). Eu escolho experimentar esta sensação sem resistência. Eu escolho deixar ir esta energia. Eu escolho reafirmar o amor através disto. Eu sou um ser infinito. E não estou sujeito a isto.»

Este mantra não é um feitiço. É uma permissão. Uma permissão para sentir. E ao sentir, libertar-se.

Eu curei processos físicos muito difíceis em questão de horas ou dias apenas lembrando-me disso: o tempo não cura. O que cura é a frequência com que decide viver o que está a sentir. E isso não depende de mais ninguém. Apenas de si mesmo.

Na próxima secção, vou mostrar-lhe como a mente é a arma mais poderosa que tem e como tem sido usada contra si durante décadas. Não para que odeie o sistema, mas para que compreenda o jogo... e comece a jogá-lo com os olhos abertos.

NÃO É O COMPRIMIDO QUE O CURA, É A SUA PERCEPÇÃO

Alguma vez disse algo como: «Vou tomar isto porque me faz bem» ou «Sempre que faço tal coisa sinto-me melhor»? Isso não era mais do que o seu próprio corpo a reagir a uma sugestão: condicionou-se a responder de determinada maneira ao realizar uma ação específica. Algo muito semelhante ao efeito placebo: as suas palavras e pensamentos moldam o efeito que uma substância ou ação pode ter sobre si.

O efeito placebo é um daqueles mistérios fascinantes que todos nós vivemos e usamos sem saber. E se você entendesse que o poder que procura em um comprimido sempre esteve na sua percepção sobre ele... como mudaria a sua maneira de se curar?

Para explicar em poucas palavras: se vai ao consultório médico e lhe dizem que um determinado medicamento funciona para o que tem, acredita. Porquê duvidar? Lá está alguém com uma bata branca, estetoscópio ao pescoço, num local onde todas as pessoas vão para receber o mesmo que você.

Se você perceber, já aparecem os fatores condicionantes:

- Se está no hospital e veste branco, é médico.
- Se é médico, tem um diploma.
- Se tem um diploma, tem conhecimentos.
- Se tem conhecimento, o que prescreve deve funcionar.

Mas o que realmente funciona é que você acredita que vai funcionar.

O curioso é que muitas vezes os médicos receitam o que está «na moda» para determinada doença, ou o que «funciona para a maioria». Raramente fazem estudos aprofundados e, mesmo quando os fazem, costumam omitir um ponto indispensável: o fator mental.

Talvez pense: «então tenho de ir a um psicólogo?» Não exatamente. Eles também fazem parte da equação , só que trabalham a partir da mente. Continuam num consultório, continuam a representar uma figura de autoridade. O que realmente funciona é a crença de que eles podem ajudá-lo. Na realidade, é você que se ajuda através deles.

Isto leva a duas conclusões:

1. A partir de um estado de baixa vibração, você se sugestionará com qualquer coisa sem perceber, e tudo o que perceber como autoridade parecerá ter poder sobre você.

2. A partir de um estado mais elevado de consciência, compreende que é você mesmo que se ajuda, usando a sugestão de que o outro pode ajudá-lo.

Se avançar um pouco mais, descobrirá uma terceira fase: não precisa de ajuda externa, mas sim de compreensão, aceitação e paz interior. E isso só você pode dar a si mesmo, sempre, agora mesmo.

Com o efeito placebo, surgem questões muito interessantes. Por exemplo: o que aconteceria se o comprimido que lhe deram não tivesse nenhuma propriedade química, mas fosse simplesmente açúcar? Mesmo assim, muitos estudos mostram que pode produzir o mesmo efeito que um medicamento real. Porquê? Porque a sua mente recebeu a ordem de acreditar que se curaria, e assim o fez. O contexto (quem lhe deu, onde, como) pesou mais do que o conteúdo (o que realmente havia dentro).

«*O medicamento mais poderoso não é a substância, é a percepção que você tem dela.*»

E embora pareça um engano, não é. Num estudo, os pacientes foram informados de que tomariam comprimidos de açúcar, mas que teriam o mesmo efeito que um medicamento real. Os resultados foram positivos: os pacientes melhoraram mesmo sabendo que era um placebo.

Um exemplo famoso é o do Sr. Wright, diagnosticado com cancro em 1957 e sem esperança. Ele ouviu falar de um soro chamado krebiozen e pediu que lho administrassem. Dias depois, os tumores tinham diminuído significativamente. No entanto, ao ler que o soro não tinha validade científica, ele teve uma recaída imediata. O seu médico então aplicou-lhe água, garantindo que era uma versão «mais eficaz», e Wright melhorou novamente.

Até que, ao descobrir definitivamente que o medicamento era inútil, ele morreu poucos dias depois.

Wright morreu porque acreditou que não havia mais esperança. Ele se curou porque acreditou que havia.

Esta história explica o que mencionei anteriormente. A mente tem um poder enorme, tanto para curar como para adoecer. A boa notícia é que, quando assume a responsabilidade, eleva o seu nível de consciência e começa a viver a partir da verdade, pode escolher vibrar sempre em alta frequência.

Estou a dar-lhe a receita para nunca adoecer!

A maioria das pessoas não compreende isso. Pensam que o importante é o que tomam ou o que fazem, quando na verdade é muito mais importante o que pensam sobre o que tomam ou fazem. É o Ser — de que falamos no início do livro — que determina os resultados de uma pessoa.

Você pode SER, FAZER ou TER qualquer coisa que desejar na vida. Literalmente: você pode SER a cura, pode FAZER a cura e pode TER saúde todos os dias da sua vida.

Você mesmo pode mergulhar no seu próprio efeito placebo com qualquer coisa que queira fazer. Na verdade, você já faz isso. Lembro-me do meu pai, que sempre dizia que, para ele, o bicarbonato de sódio era milagroso. Ele usava-o para inúmeras coisas, inclusive para curar ou purificar o seu corpo. O bicarbonato é realmente um remédio milagroso? Não, mas para quem acredita que sim, é!

Assim como ele, muitas pessoas usam sumos verdes, jejuns, música de alta frequência, retiros espirituais, o mar, a montanha... Seja o que for que escolha, procure que seja algo que, por si só, seja elevado (que tenha um calibre alto de acordo com o mapa da consciência). Tudo o que o aproxima de quem você é e do seu poder criador vibra alto. Tudo o que o afasta de si mesmo — e, portanto, de Deus — vibra baixo.

> *«Ouça o seu corpo, cuide da sua alma e deixe que a sua intuição seja o seu novo médico pessoal.»*

No entanto, consultar um psicólogo ou um médico que não viva a partir de uma calibração elevada, que apenas «cumpra o seu trabalho» sem aprofundar, não lhe será de grande utilidade. Os conhecimentos que adquirem são valiosos para compreender a parte prática do processo. Mas o que sustenta o prático não é o prático: é o espiritual. E é aí que deve começar a investir o mais rapidamente possível.

Muitos médicos, terapeutas, psicólogos e psiquiatras não são os culpados diretos do sistema... mas tornaram-se os seus soldados mais obedientes. Foram treinados durante anos para repetir protocolos, memorizar sintomas e prescrever substâncias sem questionar a sua origem. O que parece ser «formação» é, na verdade, uma programação profunda que começa na universidade e é reforçada com cada congresso financiado por laboratórios. Ensinaram-lhes a tratar partes, não a ver o ser humano como um todo. Mostraram-lhes como silenciar sintomas, não como ouvir a alma.

E, no entanto, a maioria continua a acreditar que o seu propósito é curar. Mas curar não é a sua prioridade: estabilizar o que é disfuncional é que é. A medicina moderna não busca curar, busca controlar. E as suas principais ferramentas — os medicamentos — não elevam a sua frequência nem o conectam com

Deus. Apenas anestesiam a sua percepção para que não sinta o que precisa ver. Daí a sua «eficácia»: desligam o corpo, mas não transformam a causa.

Você não precisa de mais comprimidos, nem de mais diagnósticos, nem de mais salvadores de jaleco branco. Você precisa retomar o controle da sua energia, do seu corpo, da sua consciência. Porque a medicina mais poderosa não está num frasco: está na sua presença, na sua coerência, na sua Verdade. E quando você reconhecer isso, deixará de entregar o seu poder àqueles que só podem lhe dar o que você mesmo permitiu.

Não é que eles o curem. É você que se deixa curar pelo que acredita que eles são.

E aí está o maior engano: ao acreditar na autoridade deles, entrega a sua soberania. Mas quando se lembra que a Fonte habita dentro de si, já não precisa de intermediários. Só precisa de voltar para Deus. Para a única Verdade. Para o eterno que tudo cura.

> *"Quem ganharia se você se curasse de raiz? Ninguém. Mas se você permanecer cronicamente doente, anestesiado, diagnosticado e medicado... então você se torna um cliente eterno."*

O NEGÓCIO DE MANTER-TE DOENTE

Quando alguém se sente mal, a primeira coisa que faz é ir ao médico. O médico receita um medicamento. O medicamento suprime o sintoma. E quando o sintoma é suprimido, o corpo deixa de se comunicar. O que antes era um sinal de alerta agora é ignorado. E o que não é tratado... piora.

O que quase ninguém questiona é que a maioria dos profissionais de saúde aprende a repetir informações, não a gerar transformação. Eles estudam durante anos o que outros definiram como verdade. Fazem exames, memorizam manuais e depois aplicam fórmulas. Mas se se afastam do protocolo, são punidos. *O sistema não recompensa quem cura: recompensa quem obedece.*

Isso não significa que todos os médicos sejam parte do problema. Muitos foram formados num sistema que nunca lhes mostrou que a saúde também depende do ambiente, da mente, das emoções e do estado interno. E esse é o verdadeiro ponto cego: não se trata apenas do que acontece no corpo, mas do contexto em que isso ocorre.

Um corpo adoece quando o seu ambiente se torna ácido, inflamado e oxidado. Não são termos aleatórios: acidez e oxidação são condições internas que enfraquecem as células e alteram a comunicação do sistema imunológico. E esse ambiente interno é condicionado diretamente pelo que você come, respira, pensa e sente. Vou dar alguns exemplos que podem servir de orientação

Alimentos que acidificam:

- Açúcar refinado (e xaropes como o de milho com alto teor de frutose)
- Farinha branca (pão branco, massas industriais, bolos)
- Álcool

- Refrigerantes e bebidas energéticas (altamente ácidas e cheias de aditivos)
- Fritos (óleos reutilizados, gorduras trans)
- Charcuteria (salsichas, presuntos industriais, mortadela)
- Carnes processadas (hambúrgueres de supermercado, nuggets)
- Laticínios industriais (leite pasteurizado, queijos curados, iogurtes açucarados)
- Cafeína em excesso (café convencional, bebidas energéticas)
- Produtos ultraprocessados (bolachas, snacks, sopas instantâneas)
- Adoçantes artificiais (aspartame, sucralose)
- Óleos refinados (girassol, canola, milho)

Nota: não é que todos sejam «venenosos», mas se o seu objetivo é ter um corpo alcalino e vibrante, eles devem ser evitados ou muito restringidos.

Alimentos alcalinizantes:

- Frutas frescas (especialmente melancia, manga, ananás, papaia, melão, limão, lima)
- Vegetais verdes (espinafre, couve, aipo, pepino, brócolos, rúcula)
- Sucos verdes naturais (não pasteurizados e sem adição de açúcar)

- Água com limão (embora seja ácida fora do corpo, o seu efeito é alcalinizante)
- Sementes ativadas (chia, girassol, abóbora, linhaça, gergelim)
- Germinados (alfafa, brócolos, lentilhas)
- Algas (espirulina, clorela, kelp, nori)
- Abacate
- Gengibre e curcuma frescos
- Infusões alcalinas (dente-de-leão, urtiga, hortelã)
- Água de coco natural
- Azeite extra virgem (cru)

Dica vibracional: quanto mais viva estiver a comida (fresca, crua, germinada), mais energia ela fornece e mais alcalina ela se torna.

Um sistema ácido é terreno fértil para inflamação crónica, fadiga, vírus e todo o tipo de doenças. Quando vive inflamado, tudo se distorce: a sua energia diminui, a sua clareza mental diminui e o seu campo vibracional cai abaixo de 200 no mapa da consciência. Essa faixa é habitada pelo medo, pela culpa, pela tristeza, pela apatia. Exatamente o que o sistema reforça diariamente. Exatamente o que o mantém anestesiado.

Como explicou Bruce Lipton no seu livro *A Biologia da Crença*, não é o gene que define a sua saúde, mas o ambiente celular. E esse ambiente é formado pelos seus pensamentos, pela sua alimentação, pelo seu ambiente emocional e pelo seu nível de stress. Se vive em piloto automático, consumindo estímulos de baixa frequência e comendo porcaria, como espera que o seu corpo funcione bem?

E isso não se resolve com uma aspirina. O que quase ninguém sabe é que muitos desses comprimidos «comuns» não curam nada. Apenas bloqueiam os sinais do corpo. A aspirina, por exemplo, inibe uma enzima para reduzir a dor, mas não trata a origem. Ela diz ao corpo: «não fale». E o corpo obedece. Mas o que se cala... fica guardado. E o que se guarda e não se trata, a longo prazo, começa a pesar...

A dor, o cansaço, a inflamação... não são erros. São informações que precisam de ser vistas.

A solução não é silenciar o sintoma, mas limpar o terreno. E isso começa por assumir que ninguém nos ensinou a viver. Que muitos acreditam estar saudáveis porque não têm febre, mas vivem inflamados por dentro. Que se deseja uma vida elevada, precisa de um sistema interno alcalino, não um acidificado por comida de plástico, stress crónico e pensamentos negativos.

Resumindo: não se trata de «lutar» contra a doença, mas sim de deixar de a cultivar. E para isso precisamos de assumir o controlo do ambiente interno que criamos todos os dias. Porque o que o corpo expressa é apenas o reflexo do que a consciência permitiu.

Não é o comprimido. É o ambiente. E o ambiente mais importante... é aquele que você escolhe ser.

> *«Alimentos tóxicos criam corpos inflamados; corpos inflamados geram emoções densas; emoções densas levam ao médico; o médico prescreve medicamentos que suprimem os sintomas sem curar; e assim nasce a dependência.»*

Por isso, quando escolhemos a Verdade, a Verdade nos liberta. Dói, sim, é verdade. Mas, se você é como eu, sei que prefere viver uma vida que dói um pouco, mas que é verdadeira, em vez de uma vida que aparenta alegria, mas é totalmente falsa.

Escrevi este livro para ajudar a humanidade a despertar do letargo em que se encontrava mergulhada. Um letargo induzido pela distração, pelo medo e pela divisão. Um entorpecimento coletivo que nos fez agir como se não soubéssemos o que é certo, como se ignorássemos o que é a Verdade.

Mas a Verdade não é algo que se procura no exterior. É algo que cada um carrega dentro de si, embora muitas vezes opte por não ver... porque vê-la dói. Porque vê-la exige renunciar à mentira, ao personagem, aos apegos que nos dão segurança, mas não plenitude.

Por isso, chega um ponto em que não se pode continuar a evitar o inevitável. Em que tem de tomar uma decisão real, honesta, definitiva.

Uma decisão que divide aqueles que continuam adormecidos... daqueles que se atrevem a viver acordados.

E essa decisão começa com esta pergunta:

Prefere continuar a viver anestesiado e cego, ou escolher, de uma vez por todas, uma vida de Verdade e liberdade?

Com tudo o que percorremos até aqui, é natural que surjam dúvidas. Talvez sinta vontade de fazer mudanças drásticas: deixar os medicamentos, mudar toda a sua alimentação, deixar de ir às consultas médicas, sair completamente do sistema. E embora essas decisões possam ressoar com a verdade que está a despertar dentro de si, nem todas são tomadas de uma só vez. Nem todas devem ser tomadas com base na emoção.

Este não é um apelo à reação, mas à consciência. O importante não é fazer por fazer, mas sentir com clareza quando uma decisão vem da alma... e quando é apenas uma fuga camuflada de «despertar».

Este livro não o empurra, ele o acompanha. Ele oferece um processo. Um caminho de desprogramação onde cada camada é liberada no momento certo. Não há atalhos que evitem olhar para dentro. Não há fórmulas que substituam o seu discernimento.

Por isso, não se trata — como já repeti muitas vezes — de culpar ou apontar o dedo. Trata-se de ouvir. De deixar que a Verdade faça o seu trabalho dentro de si. De se render àquela pequena voz que, se você se atrever a confiar, lhe mostrará com clareza qual é o próximo passo. Mesmo que seja incómodo. Mesmo que ainda não compreenda.

Mas você saberá. Porque sentirá que é verdadeiro.

A DOENÇA É UMA ILUSÃO

Pela mesma dualidade em que vivemos, assim como acreditamos que é possível adoecer, devemos entender que a doença não é real em si mesma. Psicologicamente, ela surge através do que é conhecido como efeito nocebo. Esse efeito, contrário ao placebo, descreve a nossa capacidade de acreditar que algo nos fará mal e converter essa crença em uma profecia auto-realizável.

Em 1960, um estudo com pacientes asmáticos demonstrou isso: 40 pessoas receberam inaladores que continham apenas vapor de água, mas foram informadas de que continham substâncias irritantes. O resultado: 9 delas (48%) apresentaram sintomas asmáticos, como contração das vias respiratórias, e 12 (30%) sofreram ataques completos de asma. Mais tarde, foram-lhes dados os inaladores idênticos, mas garantiram-lhes que continham medicamento, e as vias respiratórias abriram-se em todos. Em ambas as situações, os pacientes responderam à sugestão implantada na sua mente, obtendo exatamente o efeito esperado.

Quem foi o verdadeiro médico nessa experiência? A mente. E qual foi a receita? Uma crença.

Isso nos leva a perguntar: até que ponto você é sugestionável? Até que ponto você pode modificar o seu estado de Ser? Que profecias você está criando na sua mente que podem se cumprir sem que você perceba?

É fácil compreender que uma vacina lhe fará bem se você acreditar nisso, e que não o fará se acreditar no contrário. Essas mensagens costumam incomodar porque parecem um convite à "irresponsabilidade". Mas não é mais irresponsável viver sem questionar, evitando compreender a dualidade em que existimos? Não é mais irresponsável esquecer que somos seres espirituais e não simples corpos físicos? Continuar jogando esse jogo como vítimas dos efeitos e não responsáveis pelas causas é, desse ponto de vista, a maior irresponsabilidade.

Vou ser claro e direto: se, quando sentir algum mal-estar, a primeira coisa que faz é tomar um medicamento porque «lhe faz bem», vai fazer-lhe bem, mas lembre-se: é porque acredita nisso. Não precisa dele. Sinto muito pelo seu médico, pelos seus estudos e por todas as crenças que o levaram a pensar que era o medicamento que o salvava. Não é e nunca será. A medicina pode ajudar até certo ponto, mas o trabalho interior é indispensável.

Existem centenas de casos de tumores que desapareceram num instante. Ossos que se corrigiram em segundos. Doenças crónicas que se dissolveram em minutos. A cura, tal como a doença, não depende do tempo: depende da consciência.

As emoções reprimidas adoecem, assim como a crença de que pode adoecer também o faz.

É simples: se compreender o que aqui partilho, pode instaurar a crença de que não precisa de medicamentos, que o simples ato de respirar conscientemente o cura, ou que sentir uma emoção pode produzir um processo de amor tão profundo que o liberta do sofrimento.

> *«Não se trata de negar o que dói, mas de não entregar o controlo ao que nunca foi a causa.»*

No final, o importante não é o que faz, mas estar consciente de que o externo é externo: não é você, embora influencie diretamente em você, porque é você quem decide que efeito terá. Esteja consciente disso ou não, é assim que funciona.

A nível mundial, se todos acreditarmos que existe um vírus ultra contagioso, não fazemos mais do que reforçar a nossa própria profecia. Não podemos mudar a realidade global, mas podemos transformar a nossa realidade pessoal. E a partir daí, contribuir para a mudança coletiva.

> «A massa cria a norma, mas o indivíduo cria a mudança.»

De um lado ou de outro, vamos normalizar algo. Depende de nós se normalizamos o sofrimento e a doença, ou a paz e a cura. De mais ninguém. Isto implica assumir 100% da responsabilidade pela nossa vida. Reconhecer a cada instante que a sua palavra cria a realidade, que os seus pensamentos moldam o seu mundo e que as suas emoções dirigem a sua vida.

Cada emoção retida é uma oração inconsciente. Vive aquilo com que se sintoniza e experimenta aquilo que aceita como parte de si. A questão é: o que aceitará como verdade? Que pode curar-se com o seu pensamento ou que precisa de um medicamento? Que não pode mudar a sua realidade ou que os seus pensamentos a criam e, portanto, pode transformá-la? Que as suas emoções existem para serem sentidas ou que reprimi-las e punir o seu corpo e a sua mente é o correto?

> «O que aceita como verdadeiro torna-se lei no seu universo.»

A vida é simples, mas para sentir essa simplicidade você precisa viver, e viver implica escolher algo maior como guia. O diabo está sempre nos detalhes: duvidando, questionando, julgando, semeando medo. Deus está no absoluto, no extenso, no geral, lembrando-lhe da sua certeza interna, da sua paz, do seu amor e da sua inocência. Deus lhe garante o topo da montanha, embora não lhe garanta que não haverá tempestades ou adversidades durante a subida. O diabo sussurrará que talvez você deva descer porque é arriscado, ou que talvez não seja realmente o topo onde você deve chegar.

Deus e o diabo sempre estarão neste jogo dual, assim como sempre estará em si a liberdade de pensar por conta própria e escolher a quem ouvir e, portanto, que caminho seguir.

Agora que compreende a essência deste jogo e a sua consciência elevou-se à responsabilidade total pela sua vida; agora que cuidamos tanto da sua saúde interior como exterior, e que compreende como este sistema mundial está organizado, é hora de incorporar esta mensagem. Que o seu Ser se torne um com a Divindade e possa fazer uso real do poder inato que Deus nos deu.

DESBLOQUEANDO SUA CAPACIDADE INATA DE CURA

Esta técnica utiliza 100% do poder da sua mente. Senti que era indispensável incluir uma prática que reunisse o que aprendi em anos de investigação e experiência em cura, somado a conhecimentos como os que a própria CIA reconheceu em documentos desclassificados. Esta técnica é única; não a encontrará em nenhum outro lugar. E se lhe for útil, tem a minha permissão para a partilhar com o mundo inteiro.

Este método prático que irá aprender desbloqueia a sua capacidade de se curar de qualquer doença, rejuvenescer, recuperar a sua vitalidade e libertar-se do sofrimento instantaneamente. Com uma duração aproximada de 20 minutos, poderá alinhar-se novamente, lembrar-se de quem é e elevar a sua frequência vibratória a estados como o amor incondicional (530) e a paz (600).

Técnica: Expansão Energética de Cura Inata (EESI)

Peço que faça esta técnica enquanto a lê. A informação integra-se realmente quando é aplicada imediatamente, não amanhã ou «quando tiver tempo». Faça-a agora; depois poderá aperfeiçoá-la. Está dividida em três fases com passos claros que seguirá à medida que avança na leitura.

Fase 1: Preparação — Relaxe o seu corpo

Se estiver sentado ou deitado, ajuste a sua postura para se sentir confortável. Solte a tensão dos ombros, da mandíbula e da testa.

1. **Afirmação inicial.** Repita mentalmente: «Sou mais do que o meu corpo físico. Agora liberto toda a tensão e ativo a minha capacidade natural de cura.»

2. **Respire profundamente.** Inspire longa e profundamente, imaginando que está a absorver luz verde brilhante do universo para a sua cabeça. Segure por alguns segundos e expire lentamente, libertando qualquer energia estagnada para o chão. Faça isso três vezes, mantendo essa visualização.

Fase 2: Ativação — Crie o seu Globo de Energia Curativa (GEC)

Imagine que uma esfera de luz verde brilhante o envolve completamente. A cada respiração, a esfera se expande e se fortalece.

Repita mentalmente: «Estou rodeado por energia curativa que equilibra e restaura cada célula do meu corpo».

1. **Identifique as áreas que precisam de atenção.** Pergunte ao seu corpo: «Onde precisa da minha atenção agora?» Permita que a sensação apareça: pode ser uma dor, um peso ou simplesmente um pensamento que aponte para uma área.

2. **Barra de Energia Curativa (BEC).** Visualize que está segurando uma barra de luz roxa nas mãos. Direcione-a para a área que identificou. Repita: *"Limpo, equilibro e restauro esta parte do meu corpo com energia curativa."*

Fase 3: Manifestação — Projete a sua cura

Visualize cada célula a trabalhar em harmonia, brilhando com uma luz radiante. Se não conseguir imaginar isso, repita: «As minhas células sabem como curar. Estou completo, equilibrado e saudável.»

1. **Conecte-se com a sua verdade interior.** Permita-se sentir a certeza de que já está a curar. Observe qualquer mudança: alívio, calma ou calor em certas áreas.

2. **Ancoragem.** Ao terminar, coloque as mãos sobre o coração, respire fundo e diga: *"Obrigado, meu corpo, por saber como curar. Obrigado por este momento de expansão e renovação."*

Se compreender que tem o poder de transformar a sua realidade a partir de dentro, já terá entendido o essencial deste livro. O que fará a partir de agora será expandir a sua luz para a partilhar com o mundo.

Mas para caminhar em direção à verdade, é preciso saber de onde viemos. O controlo que vivemos hoje não começou com a tecnologia. Começou muito antes, escondeu-se nas narrativas, codificou-se na história, gravou-se no ADN.

O que vem agora não pretende assustá-lo, mas libertá-lo. Porque a única forma de sair de uma prisão é reconhecer que está nela. E a única maneira de despertar... é lembrar.

Vamos acender a lâmpada. Não para ver o passado com medo, mas para olhar o presente com novos olhos.

PARTE 2: ACENDENDO A LÂMPADA NO ESCONDERO

E se não tivéssemos sido criados por acaso nem por um deus solitário, mas por inteligências que desceram das estrelas para semear o seu código em nós?

Num mundo onde ainda milhares de milhões de pessoas acreditam que fomos criados num único instante por um único criador, questionar essas crenças gera automaticamente controvérsia. O mesmo acontece quando se põe em dúvida a versão científica que afirma que somos apenas o resultado da evolução. Mas, independentemente de quem está certo, ambas as visões contemplam apenas metade da história.

Hoje, até mesmo cientistas e investigadores de renome começam a admitir o que antes era impensável: que a espécie humana pode ter sido projetada, acelerada ou e e intervencionada por seres não humanos. E não estamos a falar de fé ou crenças, mas de fatos, descobertas e padrões que não se encaixam na narrativa oficial.

A seguir, veremos algumas das evidências mais debatidas, mas também mais reveladoras. Talvez nunca tenha se perguntado isso, mas ao final deste capítulo será impossível ignorá-las.

Porque ao descobrir quem o criou, também se lembrará de quem é.

PROVAS IRREFUTÁVEIS SOBRE QUEM SOMOS

Prova 1: O Big Bang do cérebro

Em 2004, investigadores da Universidade de Chicago publicaram um estudo conclusivo: o desenvolvimento do cérebro humano não pode ter sido gradual. Algo mudou abruptamente há cerca de 50 000 anos, permitindo-nos passar de desenhar em cavernas a criar civilizações inteiras.

Um dos elementos-chave foi a mutação do gene **FOXP2**, responsável pela linguagem e pelo pensamento abstrato. Embora presente noutros animais, ele sofreu uma alteração específica nos seres humanos, disparando as nossas capacidades cognitivas.

E como se isso não bastasse, essa mudança genética coincide exatamente com o misterioso desaparecimento dos neandertais... e com o surgimento de registros rupestres que representam seres não humanos, com formas e proporções alienígenas. Coincidência... ou contato?

Prova 2: Um ADN com assinatura de engenharia

Em 2013, físicos da Universidade Nacional do Cazaquistão propuseram uma hipótese revolucionária: o ADN humano contém um código matemático tão sofisticado que parece ter sido projetado com precisão milimétrica. Sua precisão, sua estrutura simbólica e sua capacidade de "arquivar" informações se assemelham mais a um software inteligente do que a um produto do acaso.

Além disso, esses cientistas sugeriram que certas partes do nosso ADN funcionam como recetores de uma inteligência externa. Como se o corpo fosse uma antena capaz de sintonizar com quem o criou. Isso soa familiar? O corpo como templo do espírito, como canal direto para o divino.

Aqui entra um conceito tão inquietante quanto revelador: o «SETI biológico». O SETI, o programa de busca de inteligência extraterrestre, passou décadas a ouvir sinais de rádio no espaço. Mas... e se o verdadeiro sinal não vier do céu, mas estiver dentro de nós?

O SETI biológico propõe exatamente isso: que uma civilização avançada não enviaria mensagens por ondas de rádio, mas deixaria a sua assinatura genética semeada no ADN de outras espécies, esperando que elas evoluíssem o suficiente para ler a mensagem, para lembrar quem são.

É isso que está a acontecer agora: o despertar espiritual que tantos sentem não é coincidência. É uma ativação celular. Uma chamada de retorno codificada na nossa origem.

O corpo como antena. O ADN como mensagem. A alma como recetor. Não é ficção científica. É o que muitos cientistas já se atrevem a dizer... embora tentem silenciá-los.

Prova 3: A Eva mitocondrial

Os avanços na genética revelaram algo fascinante: todos os humanos vivos partilham uma ancestral mitocondrial feminina comum. Não é um mito, é biologia: a **Eva mitocondrial**.

Esta mulher viveu há cerca de 200 000 anos e o seu ADN mitocondrial continua presente em cada um de nós. Mas o seu aparecimento coincide com um evento catastrófico que quase eliminou a humanidade. Apenas a sua linhagem sobreviveu.

Foi acaso... ou um reinício? Por que, de repente, surgiram tantas raças humanas tão diferentes entre si em tão pouco tempo? E por que ainda não conseguimos explicar completamente o «salto» evolutivo que nos trouxe até aqui?

Prova 4: A anomalia RH negativo

Sabia que se uma mulher com sangue RH negativo engravidar de um feto RH positivo, o seu corpo pode atacá-lo como se fosse um invasor? Isso não tem precedentes na natureza.

Cerca de 15% da população mundial tem sangue RH negativo, mas concentra-se especialmente em regiões específicas como o País Basco, cuja língua e genética ainda hoje são um mistério.

A esta raridade juntam-se outras particularidades: maior intuição, sensibilidade psíquica, menor temperatura corporal, vértebras adicionais... e, inclusive, uma elevada proporção de pessoas com este tipo de sangue relata experiências paranormais ou avistamentos de objetos voadores não identificados.

Estamos perante uma linhagem híbrida? Uma modificação genética intencional? E por que razão esta variante sanguínea também caracteriza grande parte da realeza europeia?

A Bíblia menciona isso de forma sutil:

«Havia gigantes na terra naqueles dias, e também depois que os filhos de Deus se uniram às filhas dos homens e lhes geraram filhos. Estes foram os valentes que desde a antiguidade foram homens de renome.» *(Génesis 6:4)*

Prova 5: O elo que não aparece

A teoria da evolução sustenta que avançamos gradualmente a partir dos macacos. No entanto, as evidências fósseis não corroboram isso. Houve milhões de anos sem mudanças significativas e, de repente, há cerca de 200.000 anos... O *Homo sapiens* apareceu completo, com uma inteligência que não pode ser explicada apenas pela seleção natural.

O salto foi tão abrupto que o famoso "elo perdido" nunca foi encontrado. Talvez porque não se tenha perdido. Talvez nunca tenha existido. O que existe são indícios de intervenção, de uma aceleração artificial. Se isso foi possível... quem o fez e com que propósito?

Prova 6: A dupla hélice antes da sua descoberta

A estrutura do ADN foi descoberta em 1960. No entanto, milhares de anos antes, culturas antigas já esculpiam o símbolo da dupla hélice em pedras, templos e ruínas. Como é que sabiam?

O caduceu — duas serpentes entrelaçadas com asas — aparece em mitologias de todo o mundo: Suméria, Egito, Grécia, Roma. Representava os deuses que desceram do céu, mestres da alquimia, da cura e do comércio. É coincidência que essas fossem as mesmas funções atribuídas aos *Anunnaki* nas tabuinhas sumérias?

A dupla hélice não representa apenas o nosso ADN. Ela também simboliza a fonte de onde ele vem e, segundo os antigos, essa fonte veio do céu.

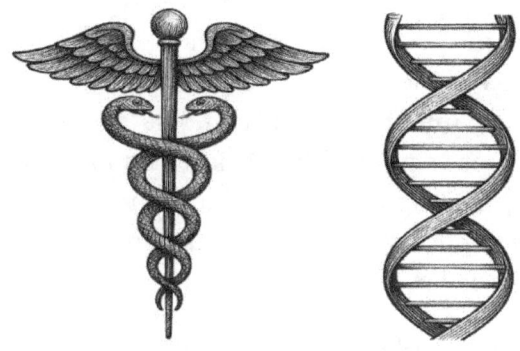

O Caduceu e o ADN

E se toda essa informação não estivesse aqui apenas para nos fascinar, mas para nos ativar? Porque se alguém semeou vida inteligente neste planeta, e se fazemos parte dessa sementeira... então não somos simples animais evoluídos. Somos consciência encarnada com um propósito cósmico.

Não se trata de alienígenas. Trata-se de lembrar o pacto esquecido com a nossa origem. E todo pacto que é lembrado... exige ação.

Talvez nós, humanos, não sejamos simplesmente «humanos», mas muito mais... ou muito menos. Talvez a nossa existência seja tão minúscula e insignificante que nada faça sentido no final, ou que absolutamente tudo faça.

Abordaremos esse assunto quase no final do livro. Por enquanto, é hora de apresentar os nossos antepassados.

OS ANTEPASSADOS DE TODA A HUMANIDADE

Quando se começa a investigar a sério, não se encontram contradições, mas silêncios. Silêncios desconfortáveis, seletivos e, acima de tudo, intencionais. É como se alguém não quisesse que juntássemos as peças. Mas as peças estão lá: em livros antigos, em pegadas impossíveis, em monumentos que desafiam a lógica, em evidências suprimidas pelas instituições que dizem guardar a «verdade».

O relato bíblico do Génesis deixa isso claro: «Havia gigantes na terra naqueles dias, e também depois, quando os filhos de Deus se uniram às filhas dos homens.» Esta afirmação, considerada simbólica por muitos, ganha outra dimensão quando descobrimos que existem pegadas, esqueletos e estruturas em todo o mundo que provam que, , efetivamente, houve seres de dimensões extraordinárias a caminhar neste planeta.

Pegadas e ossos que não se encaixam na história oficial

Foram encontradas pegadas fósseis de pés humanos que medem até 1,30 metros de comprimento, com proporções idênticas às nossas: cinco dedos, calcanhar, arco plantar. Elas foram encontradas na África, América e Ásia. Como explicar isso se não existiram gigantes?

A isto acrescenta-se um processo judicial histórico: em 2015, o Instituto Smithsonian foi obrigado pela Suprema Corte dos EUA a reconhecer que destruiu milhares de esqueletos gigantes ao longo do século XX. Uma testemunha apresentou um fémur com mais de um metro de comprimento, juntamente com uma carta assinada por um ex-funcionário do instituto que confirmava a existência de armazéns cheios de restos ósseos gigantes nos anos 20. A instituição admitiu os fatos, mas justificou-os dizendo que eram «inconsistentes com o conhecimento científico aceito». O que não disseram é que, por mais ossos que escondam, há vestígios que não podem enterrar.

Mãos que contam outra história

Em escavações perto do antigo palácio de Avaris, no Egito, foram encontradas 16 mãos direitas amputadas, todas de grande tamanho: entre 25 e 31 centímetros de comprimento. Segundo os arqueólogos, elas poderiam ter pertencido a humanos com altura entre 2,70 e 2,90 metros. Guerreiros? Seres de outra espécie? A descoberta parece confirmar antigos relatos egípcios sobre soldados que cortavam as mãos de inimigos gigantes para ficar com o seu poder.

Megaconstruções

Outra pista de que existiram na Terra seres com inteligência muito superior à atual — ou diretamente gigantes — são as construções que ainda hoje desafiam qualquer explicação lógica. E não me refiro apenas às pirâmides do Egito: o planeta inteiro está repleto de estruturas impossíveis.

As pirâmides do Egito foram construídas com mais de 2,3 milhões de blocos de granito, cada um com um peso médio de 2,5 toneladas, e alguns chegando a 60 toneladas.

Mas isso não é tudo: as coordenadas geográficas da Grande Pirâmide de Guizé são **29,9792458°**, exatamente os mesmos números da velocidade da luz (**299,792,458 m/s**). Apenas coincidência?

Além disso, as três pirâmides de Gizé estão alinhadas com as três estrelas do cinturão de Órion (Alnitak, Alnilam e Mintaka). Essa mesma alinhamento se repete em Teotihuacán (México) e em Xi'an (China), com diferenças inferiores a 0,05°. Quantas civilizações, sem contato aparente, decidiram construir templos e pirâmides seguindo exatamente as mesmas estrelas?

Como se não bastasse, essas grandes estruturas — as pirâmides do Egito, do México, da China e do Camboja — estão alinhadas sobre o mesmo meridiano geodésico conhecido como *Grande Círculo*, uma linha precisa que percorre toda a circunferência do planeta. Nenhuma dessas civilizações, supostamente, sabia que a Terra era uma esfera.

Dentro da Grande Pirâmide de Quéops não foram encontradas múmias, hieróglifos ou decorações funerárias. As câmaras internas estão dispostas com tal precisão astronómica e acústica que alguns investigadores afirmam que funcionavam como dispositivos de ressonância.

Recentemente, tive a oportunidade de visitar as pirâmides de Guizé. Desde criança, sonhava em ir ao Egito e conhecê-las. No primeiro dia em que estive lá, fiquei muito desapontado: tudo era comercializado e parecia que, mais do que me ajudar, queriam vender-me algo.

Apesar disso, o simples facto de estar perto das pirâmides permite-nos mergulhar no seu campo vibratório. É algo intangível, quase impercetível para o nosso ego humano, mas inegável: a presença das pirâmides é extremamente forte.

Se algum dia as visitar, se também sentir o mesmo chamado que eu senti, diria apenas uma coisa: vá com presença. É um lugar privatizado, cheio de turistas e comércio, mas se se permitir observar e ouvir, a experiência transforma-se em algo sagrado.

Continuando com os monumentos antigos, na América do Sul encontramos **Sacsayhuamán**, uma fortaleza megalítica em Cuzco, Peru, onde foram erguidas paredes contínuas de 9 metros de altura, formadas por blocos de 90, 125 e até 350 toneladas de peso cada, numa área de mais de 3.000 hectares.

Não muito longe dali, também no Peru, está localizada a cidade de **Ollantaytambo**, construída com monólitos de 12 a 40 toneladas, e a imponente **Machu Picchu**, construída com blocos de até 120 toneladas.

Na Ásia, destaca-se a **plataforma de Baalbek**, erguida com blocos de 900 a 1.100 toneladas. A apenas 7 quilómetros, encontravam-se outros três megálitos ainda mais surpreendentes: de 1.000, 1.242 e até 1.650 toneladas, cuja proveniência continua sendo um mistério.

O mais impressionante é que os cortes desses blocos apresentam tolerâncias milimétricas, impossíveis mesmo com a tecnologia moderna sem ferramentas de precisão a laser. O engenheiro Chris Dunn demonstrou que, em Guizá, alguns cortes têm curvaturas tridimensionais complexas, como se tivessem sido feitos com maquinaria rotativa de alta frequência. No meio da Idade do Bronze?

Curiosamente, no **Livro de Enoque**, capítulo 7, afirma-se que Deus abriu o deserto de Dudael para aprisionar os anjos caídos, aqueles que perturbavam a humanidade. Esse mesmo deserto encontra-se no atual Líbano, onde jazem os monólitos de 1.650 toneladas.

Como os povos antigos conseguiram realizar tais obras arquitetónicas, que até hoje continuam sem explicação? Contaram com ajuda extraterrestre? Havia seres gigantes capazes de mover tais colossos de pedra? Talvez ambas as coisas. E embora não tenhamos uma resposta definitiva, não podemos continuar a negar que estas construções existem, desafiam as leis conhecidas e apontam para uma conclusão inevitável: a história humana precisa de ser reescrita.

JÁ ESTAMOS A REESCREVER A HISTÓRIA

Não é necessário que um arqueólogo valide isso. Ao ler estas palavras e ao escrevê-las, já estamos a mudar a narrativa. Já estamos a resgatar uma história enterrada por séculos de manipulação.

Sei que pode parecer exagerado. Mas não subestime o poder de elevar o seu nível de consciência: isso modifica a sua frequência, e a sua frequência transforma a sua realidade.

Cada ser humano que desperta reescreve a história. Não com guerras. Não com decretos. Mas com presença. Com determinação. Com uma busca que não desiste.

Quer mudar o mundo? Mude a sua percepção dele.

Quer conhecer a verdade? Viva a verdade.

O mundo não precisa de outra versão oficial. Precisa de pessoas que se lembrem que o impossível já aconteceu... e está a acontecer novamente.

A MULHER DE QUASE 8 METROS DE ALTURA

Em 1984, no Equador, foram encontrados os restos mortais de uma mulher gigante que posteriormente foram entregues ao padre Carlos Vaca. Após a sua morte, os ossos foram analisados pelo investigador austríaco Klaus Dona, que apresentou os resultados num congresso na Alemanha em 2011. De acordo com os seus estudos, tratava-se de uma **mulher com cerca de 7,60 metros de altura** que habitava a cordilheira de Llanganates.

Esqueleto no Parque Jungfrau, na Suíça

Além deste caso, existem inúmeros testemunhos que relatam a presença de seres com entre 3 e 3,50 metros de altura em diferentes regiões da Terra. No entanto, esses registros são minimizados diante de descobertas como a do Equador, que parecem ser verdadeiras anomalias em um mundo antigo de gigantes.

Atualmente, já não se vêem casos de tal magnitude. Embora existam humanos que ultrapassam os dois metros, o recorde mundial mal chega aos 2,50. Muito longe dos gigantes ancestrais que ultrapassavam facilmente os 3 metros, e até muito mais.

Tudo isso, relacionado com as dimensões colossais do universo em que vivemos, começa a deixar de parecer ficção científica e a fazer sentido. Talvez por isso nos tenham escondido tantas coisas, fragmentando a verdade. Neste livro, estamos a juntar algumas dessas peças para, pelo menos, vislumbrar um por cento do quebra-cabeças.

Pode parecer fantasia, porque as evidências de gigantes na antiguidade são convincentes, enquanto no presente parecem impossíveis. Ou não? Veja o que se segue.

GIGANTES CONVIVEM CONNOSCO (INFORMAÇÃO CENSURADA)

Em abril de 2022, Andrew Dawson, um canadiano, filmou uma figura enorme no topo de uma montanha do Parque Nacional Jasper, no Canadá. O que parecia um poste, ao ampliar a imagem, parecia estar a mover-se. Andrew ficou obcecado. Ele voltou várias vezes ao local, mas o acesso foi bloqueado por supostos agentes de inteligência. Ele chegou a afirmar que estava a ser vigiado.

Dias depois, ele filmou helicópteros operando perto do local: um levantava árvores, outro sobrevoava o topo. Ele suspeitou que estivessem extraindo algo. Quando tentou subir novamente, foi detido por um homem em um carro que lhe bloqueou o caminho.

Após vários dias de silêncio, Andrew reapareceu em vídeo negando tudo o que havia dito anteriormente, afirmando que era apenas «entretenimento». Mas a sua postura corporal e o seu olhar perdido não convenceram. Pouco depois, ele publicou um vídeo intitulado «Tenho medo», no qual afirmou: «Não podem obrigar-me a ficar em silêncio.» Foi a sua última publicação relevante. Em julho, Andrew morreu. O seu obituário não menciona as causas.

CONHEÇA A ÚNICA VERDADE

O caso viralizou rapidamente. Muitos o relacionaram com outro episódio: o **Gigante de Kandahar**, supostamente abatido pelo exército americano em 2002 no Afeganistão. Segundo testemunhos vazados, o gigante media mais de 4 metros, tinha seis dedos, duas fileiras de dentes e foi transportado de helicóptero para uma base militar após ser abatido.

Coincidência? Ficção? Montagem? O importante não é provar cada detalhe, mas ver o padrão: quem se aproxima demais de certas verdades, desaparece. O caso de Andrew pode ou não ser real, mas representa algo maior: uma censura global sistemática contra tudo o que desafia a versão oficial.

Este livro não pretende convencê-lo de nada, mas sim lembrá-lo de que a história não acabou. Que a censura continua viva. Que o impossível continua a acontecer. E que você tem a liberdade — e a responsabilidade — de escolher a vida que quer criar.

Captura de um dos vídeos que Andrew filmou no Canadá, 2022.

Sabemos que esta história ganha mais força quando se vê os vídeos e se ouve o que Andrew diz, como o diz e o que transmite. Por isso, não quero deixá-lo apenas com uma imagem difusa apoiada pela história de um rapaz no TikTok. Se quiser ver a série de vídeos e confirmar com os seus próprios olhos o que leu aqui e o que Andrew partilhou que o fez ser silenciado, escaneie o código QR que encontrará abaixo:

Código que desbloqueia o recurso: **222**
(vai precisar dele depois de criar a conta)

ADEUS, MISTÉRIO UFOLÓGICO

Agora que vimos como a história foi manipulada — desde gigantes até megaconstruções impossíveis, passando por mortes e silenciés de quem revela demais —, é hora de acender a luz sobre outro dos grandes véus: os chamados OVNIs.

Porque, se falamos em reescrever a história, não pode continuar a ignorar o óbvio: os objetos voadores não identificados estão por toda parte.

Não são mais suposições, crenças ou loucuras da «nova era». São registros oficiais, gravações divulgadas por exércitos, declarações de ex-funcionários da inteligência e milhares de testemunhas comuns. A ufologia não é mais um mistério: é uma realidade incómoda que muitos preferem continuar chamando de fantasia para não ter que mudar o seu mapa da realidade e abrir os olhos.

Durante anos, repetiu-se a ideia de que os extraterrestres são seres que vêm dos céus, habitantes de outros planetas. Mas... e se eles realmente estiverem aqui consigo? Há provas infinitas: OVNIs que saem de vulcões, objetos que emergem do fundo do mar, milhares de gravações de luzes que se movem a velocidades impossíveis. Eles estão no céu, na terra, nos oceanos. Eles estão aqui.

A TECNOLOGIA NÃO HUMANA É UM ESPELHO PARA A HUMANIDADE ADORMECIDA

Durante décadas, vazaram depoimentos de cientistas como **Bob Lazar**, que em 1989 afirmou ter trabalhado em engenharia reversa de naves não humanas em instalações secretas do governo dos Estados Unidos. Suas declarações sobre sistemas de propulsão antigravitatória, elementos ainda não reconhecidos pela ciência da época e naves impossíveis de replicar com tecnologia terrestre despertaram um debate global.

Muitos tentaram desacreditá-lo, mas com o tempo vários fatos confirmaram aspectos de seu relato, incluindo a descoberta do Elemento 115 e detalhes logísticos das bases onde ele dizia ter trabalhado.

Para além de cada detalhe ser verdadeiro ou não, o essencial é a questão que se coloca: se estas tecnologias existem, o que nos foi ocultado... e porquê? Por que continuamos presos a energias fósseis, a doenças crónicas e à destruição do planeta, se poderia existir algo mais elevado?

A questão central não é se existem naves. É se dentro de nós existem as capacidades para recordar o que essas naves simbolizam: expansão, evolução, libertação das leis do tempo e do espaço. Porque se um objeto pode curvar o espaço-tempo... não poderá também uma consciência expandida?

> *«Tudo o que nos é oculto lá fora é apenas um reflexo do que nos esquecemos de olhar dentro de nós.»*

A TECNOLOGIA ANTIGRAVIDADE

O que Bob Lazar revelou não foi um caso isolado. Pelo contrário: faz parte de uma longa cadeia de descobertas ocultas, tecnologias suprimidas e cientistas perseguidos por tentarem libertar o mundo.

Refiro-me nada mais nada menos do que a um dos discípulos de Nikola Tesla, **Otis T. Carr**, que projetou e testou publicamente uma nave movida a energia livre, impulsionada pelo sol e sem necessidade de combustível. O seu objetivo era ambicioso: realizar um voo à Lua em 7 de m de dezembro de 1959. Ele tinha conseguido tudo, exceto uma coisa: pedir permissão.

Duas semanas após o seu último voo de teste, agentes federais confiscaram todo o seu laboratório. Ele foi acusado, silenciado e condenado. O seu «crime» não foi defraudar ninguém, mas desafiar o sistema energético global. Porque se a humanidade tiver acesso à energia livre, o controlo desmorona-se. Sem dependência, não há dominação. E sem dominação, o jogo do poder extingue-se.

Isto não é uma teoria, é um padrão. O mesmo aconteceu com **Adam Trombly**, criador do gerador de energia homopolar. A sua invenção poderia fornecer eletricidade limpa e gratuita a cidades inteiras. Resultado? Invasões, sabotagens, ameaças de morte e tentativas de envenenamento. Apesar disso, Trombly continuou a desenvolver tecnologia de energia de ponto zero e hoje é reconhecido como pioneiro neste campo. Mas o seu trabalho, como o de tantos outros, nunca é ensinado nas escolas.

Porquê? Porque o sistema não recompensa a liberdade. Ele reprime-a. Porque um ser humano com energia livre, com um , saúde vibracional e soberania real... já não pode ser manipulado nem programado.

E aqui você volta. Porque esta informação não serve apenas para indignar, mas para lembrá-lo de que o mesmo poder que tentam suprimir vive em você, e você pode usá-lo a qualquer momento, se decidir fazê-lo.

Isso lembra-me **Viktor Frankl**, psiquiatra e sobrevivente dos campos de concentração nazistas, que escreveu uma das obras mais transformadoras do século XX: *O homem em busca de sentido*. Em meio ao horror mais desumano, Frankl descobriu uma verdade que nem os carrascos, nem a fome, nem a morte puderam tirar dele: a liberdade última do ser humano é escolher a sua atitude diante de qualquer circunstância.

Encerraram-no, espancaram-no, despojaram-no de tudo... menos do seu poder interior. E é isso que ele nos revela: que, embora nem sempre possamos escolher o que nos acontece, podemos sempre escolher como responder. Essa é a verdadeira liberdade. Por isso Frankl dizia que entre o estímulo e a resposta há um espaço. E nesse espaço reside o nosso poder de escolha. Na nossa escolha reside a nossa evolução.

O que Carr, Trombly, Lazar, Royal Rife e tantos outros tentaram libertar não era apenas tecnologia: era consciência. Era a possibilidade de escolher outra realidade. Era a lembrança de que somos muito mais do que simples seres de carne e osso. E embora tenham sido censurados, eles deixaram marcas. O que você faz com elas depende de você.

A energia livre não é apenas um conceito técnico. É uma metáfora viva da alma quando se desconecta do medo e se conecta ao campo quântico do amor. Tudo o que lhe disseram que era impossível — curar-se, libertar-se, voar, criar novas realidades — é o que a sua alma veio fazer.

A antigravidade existe. Mas não apenas lá fora. Também dentro. O que vem a seguir confirma isso.

E agora que viu, que leu, que sentiu: não pode voltar atrás. Ligue as peças. Ative a sua memória. E prepare-se... porque o que se segue não é informação: é transformação.

> *«Tudo sempre esteve diante dos nossos olhos.*
> *Oculto, não por ser invisível, mas por ser evidente.»*

Viktor Stepanovich Grebennikov, entomólogo soviético apaixonado por insetos e pela geometria da vida, descobriu na própria natureza uma tecnologia que desafiava tudo o que se conhecia. Ao analisar cascas de insetos ao microscópio, ele notou uma estrutura geométrica tão precisa, tão rítmica e multidimensional, que parecia ter sido projetada por uma inteligência superior.

Quando empilhou essas estruturas, observou fenómenos que a ciência oficial não conseguia explicar: objetos que levitavam, campos antigravitatórios e distorções no espaço-tempo.

A vibração estrutural contida nessas carapaças era mais do que biologia. Era código. Era consciência em forma. Era tecnologia viva, projetada pela inteligência universal que dá forma a tudo o que existe.

Inspirado pela sua descoberta, Grebennikov construiu uma plataforma antigravitatória composta por centenas dessas estruturas naturais. De acordo com os seus registos, o dispositivo podia voar a mais de 1.000 km/h, sem ruído, sem inércia, sem resistência... e sem deixar sombra. Durante o voo, o tempo distorcia-se, o corpo não sentia pressão e a nave desaparecia visualmente.

Grebennikov estava a usar tecnologia extraterrestre? Ou estava a aceder a um conhecimento terrestre que nos foi ocultado há milénios?

As semelhanças com culturas ancestrais são inevitáveis. O escaravelho — presente nas conchas que ele usava — era um símbolo sagrado para os egípcios, associado à criação, ao renascimento e ao Sol. A Grande Pirâmide de Guizá, por sua vez, demonstrou concentrar e canalizar energia eletromagnética de formas semelhantes às que Grebennikov descreveu em seus experimentos. Coincidência ou memória?

> *«O conhecimento que move as estrelas também habita nas asas de um inseto. O universo não esconde os seus segredos: revela-os àqueles que se atrevem a olhar além do óbvio.»*

Grebennikov tentou partilhar a sua descoberta, mas o seu livro foi censurado, as suas imagens eliminadas e o seu nome desacreditado. Porquê? Porque se ele pode voar sem combustível, pode viver sem pedir permissão.

A história de Grebennikov não é apenas um caso curioso: é um convite para lembrar que tudo está vivo, que tudo vibra. Que a natureza contém os planos do que chamamos de "tecnologia", mas que na verdade são manifestações conscientes de uma inteligência superior que nos sussurra: *"Tudo está dentro de você."*

E foi por isso que o silenciaram. Porque quando se conecta a geometria sagrada com a matéria, quando se compreende que as asas de um inseto e uma pirâmide obedecem às mesmas leis, quando se reconhece que não há separação entre ciência e espírito... então se desperta.

GREBENNIKOV A TESTAR A SUA INVENÇÃO.

Como Grebennikov escreveu nas suas últimas palavras antes de morrer:

«Não há misticismo. A questão é simplesmente que nós, humanos, ainda sabemos pouco sobre o universo, que, como vemos, nem sempre aceita as nossas regras, suposições e ordens demasiado humanas.»

ALIENÍGENAS NO LAGO MAIS PROFUNDO DA TERRA

Quando se fala de OVNIs, costuma-se olhar para o céu. Mas mais de 65% dos avistamentos registrados estão relacionados com a água: oceanos, lagos profundos, glaciares. Se há um lugar onde o inexplicável parece se concentrar, esse lugar é o lago Baikal, na Sibéria, Rússia.

Baikal não é apenas um lago. É a maior e mais profunda massa de água doce do planeta: contém mais de 20% da água superficial do mundo, tem quase dois quilómetros de profundidade, mais de 25 milhões de anos e abriga milhares de espécies únicas. Mas o seu mistério vai muito além do biológico.

Numa missão militar, documentada em arquivos soviéticos, um grupo de mergulhadores desceu 50 metros e afirmou ter encontrado seres humanóides de quase três metros de altura, vestidos com trajes prateados e capacetes esféricos. Ao tentar capturar um deles, uma força invisível os expulsou violentamente para a superfície. Três soldados morreram. O incidente foi documentado, mas nunca foi oficialmente desmentido. Apenas foi... arquivado.

O historiador russo Alexey Tivanenko, com milhares de publicações, investigou esses relatos durante anos. Ele recolheu testemunhos de pescadores e aldeões que afirmam ter visto esses «nadadores prateados» saltar fora da água como se estivessem brincando, mesmo nas noites mais geladas, quando a temperatura mal ultrapassava os três graus abaixo de zero.

Em 2009, a Estação Espacial Internacional detectou círculos perfeitamente simétricos no gelo do lago. Ninguém conseguiu explicar a sua origem. Foram propostas teorias sobre emissões de metano, calor geotérmico e anomalias magnéticas, mas nenhuma explica por que aparecem justamente em locais onde não deveria haver atividade. Parecem portas abertas das profundezas.

CONHEÇA A ÚNICA VERDADE

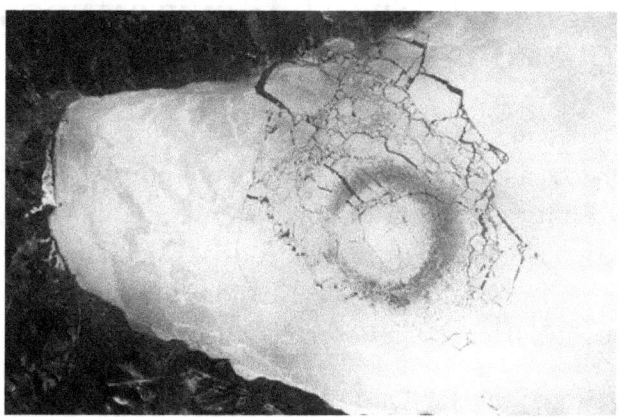

Buracos circulares vistos no Lago Baikal.

A possibilidade que se abre é perturbadora apenas se ainda acreditarmos que a Terra nos pertence. E se esses seres não vieram de fora? E se nunca foram embora? E se sempre estiveram aqui, debaixo d'água, observando-nos?

Não é preciso acreditar nisso para que seja real. Basta compreender por que foi ocultado. Se aceitarmos que existem civilizações subaquáticas, que dominam uma tecnologia desconhecida para nós, então a narrativa oficial da evolução, domínio e progresso desmorona.

Porque o verdadeiro medo do sistema não é que acredite em extraterrestres, mas que deixe de acreditar nos seus próprios limites. Naqueles que ainda querem convencê-lo de que está preso às notícias, às pandemias, às vacinas, às aspirinas, à inflação ou ao que os outros dizem.

O que emerge do lago Baikal não é apenas um mistério: é um sinal. Um convite para lembrar que o profundo sempre esteve lá. Não como uma ameaça, mas como Verdade.

FOTOGRAFIAS CLARAS DE OSNIS SAINDO DA ÁGUA QUE FORAM CENSURADAS

Em março de 1971, um submarino da Marinha dos Estados Unidos registou uma sequência de imagens impressionantes durante uma missão secreta entre a Islândia e a ilha Jan Mayen, no Atlântico Norte. As fotografias mostravam objetos metálicos emergindo diretamente do oceano, com uma precisão e simetria impossíveis de explicar com a tecnologia terrestre.

O que isso nos revela? Que o incrível não só aconteceu... mas foi documentado, arquivado e silenciado. Enquanto o mundo olhava para o céu, o mais revelador estava a acontecer debaixo d'água, longe do radar social, cultural e científico.

Estas imagens não são apenas evidência visual. São a confirmação do que muitas culturas antigas já intuíam: a verdade não se revela aos gritos, ela se infiltra entre as sombras. E quando uma imagem consegue capturar o que não deveria ser visto, ela não é destruída. É censurada.

LOCAL ONDE SE ENCONTRA A ILHA

Este material foi classificado como confidencial e ocultado durante décadas.

CONHEÇA A ÚNICA VERDADE

DEUS, O DIVINO E O EXTRATERRESTRE ESTÃO INTERLIGADOS

Depois de tudo o que vimos — naves saindo da água, círculos no gelo detectados do espaço, documentos vazados e gigantes que continuam aparecendo em relatos atuais — a verdadeira questão não é *"eles existem?"*, mas sim: *por que continuam escondendo isso?*

A resposta sempre esteve diante dos nossos olhos.

Basta observar as obras antigas: **a Madona de San Giovanni**, o **Batismo de Cristo** ou **Le Livre des Bonnes Moeurs**.

A Madona de São João (1350): um objeto voador sobre o ombro direito.

CONHEÇA A ÚNICA VERDADE

O Batismo de Cristo (Aert de Gelder, 1710): uma figura celestial emite luz sobre Jesus, com uma semelhança surpreendente com um OVNI moderno.

À esquerda, o Livro das Boas Maneiras (de 1404) do francês Jacques Legrand, mostrando uma esfera idêntica à que caiu em Buga, Colômbia, em 2025, representada à direita.

Todas retratam o mesmo: esferas, luzes, presenças celestiais. E o mais interessante é que essas mesmas formas aparecem hoje em gravações reais. Mesmo padrão. Mesmo desenho. Mesmo silêncio oficial.

Coincidência? Não. É continuidade.

A história está bem construída, só que nunca nos ensinaram isso como parte da história. Porquê? Porque o que você acredita sobre o passado define o que você acredita sobre si mesmo. Se você aceitar que «os deuses» eram apenas contos simbólicos, nunca permitirá ativar o seu potencial real. Mas se reconhecer que o divino, o estelar e o sagrado sempre foram a mesma coisa, tudo muda.

E se você também fosse um canal dessa energia que veio das estrelas? E se o seu ADN não fosse um acidente, mas um software à espera de ser ativado com a frequência correta?

Isto não é folclore. É informação. Mas não para acumular, e sim para usar. Porque se tudo é vibração e vibra baixo, nunca verá o que está acima. Mas se elevar o seu estado, purificar o seu ambiente e afinar a sua consciência... começará a perceber o que sempre esteve lá, embora antes não estivesse sintonizado.

Esse é o verdadeiro segredo dos «extraterrestres»: eles não estão lá fora, mas noutra frequência. E pode aceder a ela, não com telescópios ou teorias, mas com a sua vibração diária.

Por isso insisto: não se trata de acreditar ou não acreditar. *Trata-se de lembrar*. De reconhecer que a história foi escrita para nos diminuir, enquanto a Verdade emerge por toda parte para nos expandir.

A Matrix não se quebra olhando para o céu. Ela se quebra lembrando quem a está sonhando. E esse alguém... é você.

A VERDADE NÃO ESTÁ LÁ FORA

Depois de toda esta jornada — por ruínas impossíveis, pegadas gigantes, pirâmides incompreensíveis, relatos silenciados e naves subaquáticas — há algo que se torna inegável: não sabemos quase nada. Ou talvez sim... mas ensinaram-nos a não nos lembrarmos tanto disso que, quando a verdade sobre absolutamente tudo está diante de nós, simplesmente duvidamos.

Não tenho todas as respostas. Na verdade, tenho a certeza de que não as tenho. Mas há algo de que não podemos escapar: as evidências são tantas, tão coerentes entre si, que já não se trata de acreditar ou não acreditar. Trata-se de ver. De ver com olhos de humildade, de estranheza, com olhos de memória. Trata-se de ver com os olhos do coração mais do que com os da mente.

De ver que há objetos no céu. Objetos na água. Objetos debaixo da terra. Gigantes que caminharam entre nós. E tecnologias capazes de mudar o rumo da humanidade, mas que foram sistematicamente suprimidas.

A mente humana não está preparada para compreender dimensões que ultrapassam a sua programação. Mas a alma está. E quando algo é verdadeiro, reconhece-se, mesmo que não se compreenda.

É isso que sente quando lê estas palavras. Não é lógica, é ressonância.

Talvez tudo isto pareça ficção científica. Mas o que é a ficção científica senão o futuro negado? E o que é a verdade, senão aquilo que não se pode calar?

Somos seres espirituais brincando de ser humanos, não humanos que buscam o espiritual.

E é somente quando se lembra disso que a vida começa a se libertar das suas fronteiras. Começamos a jogar no lado Ativo do Infinito, onde a cura, a transcendência e a expansão da alma não são mais metas: são inevitáveis.

> *«Acender a lâmpada para o oculto não é apenas para ver o que há lá fora. É para lembrar o que há dentro de si. O seu ADN não é humano: é divino, estelar e multidimensional.»*

Entramos agora na última fase desta viagem. Uma fase em que já não se trata de compreender com a mente, mas de recordar com a alma e sentir com o coração. Vamos transcender a Matrix. Vamos transcender os nossos próprios pensamentos e a própria lógica que criámos para nos mantermos no jogo.

Sei que foi um longo caminho. Se chegou até aqui e manteve a presença e a responsabilidade que estabelecemos como base no capítulo um, não tenho dúvidas de que a sua vida já mudou completamente.

Talvez tenham passado apenas algumas horas até chegar a este ponto do livro. Talvez esteja a retomá-lo após semanas ou meses. Seja como for, chegar até aqui é algo corajoso. Nem todos têm humildade suficiente para olhar para a sua sombra e enfrentar a realidade deste mundo.

É por isso que quero saber de si. Adoraria que me enviasse uma mensagem para o meu Instagram contando-me o que foi mais difícil para si deixar ir e qual foi a verdade que mais o impactou, aquela que, só por compreendê-la, expandiu a sua visão sobre a vida e a tornou mais poderosa.

Deixo-o com a última etapa. Agora vamos ao que há de mais poderoso: a integração final da verdade e sua expressão. Vamos relembrar tudo.

CAPÍTULO 3

TRANSCENDENDO A MATRIZ

A UNIÃO ABSOLUTA

Duas faces da mesma moeda. O todo e o nada não existem e existem ao mesmo tempo.

Neste capítulo, vamos ultrapassar os limites da mente, porque aqui você não precisa dela. Não tente compreender: deixe-se envolver pela abundância da incompreensão, permitindo-se ser levado a níveis universais onde tudo faz sentido... e nada faz sentido, ao mesmo tempo.

Se o todo é o um, e o um é o nada, o que é você então? O mesmo ponto que compõe o todo compõe o nada; falar de ambos mergulha-o, sem questionar, no ponto de equilíbrio. Vamos ver isso mais a fundo.

O LIMITE DOS NOSSOS SENTIDOS

Permita-me aprofundar: quando começa a conceber o espaço-tempo como «tudo o que existe»... o que é esse «tudo»? Onde está?

De acordo com várias pesquisas, esse «tudo» não contém mais do que espaço vazio. Como se manifesta, então, nos objetos que vemos e na realidade que concebemos? Através da nossa *perceção tridimensional* do mundo como construção de formas e objetos.

Se pensar bem, sabe que isto é um livro e que contém informação porque já leu um livro antes, ou alguém lhe disse que era assim. O mesmo acontece com o copo em que deita água: levanta-o e leva-o à boca porque foi isso que fez no passado. **A realidade é uma construção do passado.**

O mais curioso é que nos convencemos durante milénios dessa «verdade»: acreditar que o que percebemos é a única coisa que existe, a única coisa real.

Devido ao nosso espectro de visão, apenas percebemos uma mínima parte das ondas eletromagnéticas que existem no cosmos. Segundo o Dr. Karan Raj, o olho humano capta apenas cerca de **0,0035%** da realidade.

E sim, leu bem esse número: nem sequer chegamos a 1%.

Não sei o que o move neste momento no seu sistema de crenças, mas quando descobri esse número, caí num estado de humildade que nunca tinha vivido antes. Eu dizia a mim mesmo, nem mais nem menos, que não tinha ideia de nada. Que tudo o que durante anos afirmei como verdadeiro era apenas uma fração da percepção. Daí a frase: «o que é verdadeiramente real é o que não se vê».

O PARADOXO DA REALIDADE

«A realidade depende de onde você coloca a sua atenção, porque o visível é apenas a sombra do invisível. Tudo está lá, mas você só vê aquilo para o que está preparado.»

A verdade não se encontra na percepção, porque a verdade abrange tudo. Escrever este livro foi um desafio até que consegui uni-lo à teoria do universo holográfico, que nos lembra que **a parte também compõe o todo.**

Se assim for, pensei, a única verdade — seja ela percebida ou não por cada leitor que se deparar com este livro — continuará sendo verdade, porque cada um, assim como eu, é uma pequena parte desse mesmo todo. E fim. A partir daí, não há mais busca nem necessidade de preencher nada. A ideia de que "algo falta" se dissipa em um instante de consciência: você deixa de *perceber* para começar a **Ver**.

A PARTE CONTÉM O TODO

Isso confirma algo óbvio: a nossa realidade é limitada, ou melhor, *limitadamente* real. Não porque não exista em um nível, mas porque acreditamos que só isso é real.

Compreender que tudo e nada são a mesma coisa leva-nos ao ponto que os contém: o nada e o tudo unificados em algo.

O que é esse "algo"? Nos próximos subcapítulos, abordaremos diferentes pontos que podem nos aproximar, não de compreender, mas de **lembrar** esse algo. Porque tudo o que você acredita ver fora teve que ser visto dentro antes.

> «A verdadeira visão não é com os olhos. É com a consciência.»

Vamos aprofundar ainda mais: além da visão, há outros sentidos que desempenham um papel crucial na construção do que chamamos de realidade.

A MÚSICA DAS ESTRELAS

O que aconteceria se as pedras não pesassem tanto quanto acreditamos? O que aconteceria se existissem sons que não apenas fossem ouvidos, mas que elevassem?

Chamaram-lhe **levitação acústica**. Mas, para além do nome técnico, trata-se de algo que a mente não consegue compreender e que o coração não pode negar: existem frequências que movem o imóvel. Vibrações capazes de suspender corpos no ar sem que nada visível os sustente.

O impressionante não é que isso aconteça. O impressionante é que sempre aconteceu.

Culturas inteiras sabiam disso. Civilizações antigas construíram templos que hoje não poderíamos replicar nem mesmo com toda a nossa tecnologia. Com que força eles fizeram isso? Com que guindastes? Talvez com uma força que não se vê.

Edward Leedskalnin, um escultor letão do século passado, compreendia isso. Ele construiu, sozinho, um parque inteiro com rochas de mais de 30 toneladas. Sem ajuda. Sem máquinas. E quando lhe perguntaram como tinha feito isso, ele respondeu algo que parecia não ser uma resposta: «Eu sabia sintonizar a música das estrelas.»

Literalmente, ele disse:

«Descobri os segredos das pirâmides e descobri como os egípcios e os antigos construtores do Peru, Yucatán e Ásia, apenas com ferramentas primitivas, levantaram e colocaram blocos de pedra que pesavam muitas toneladas.»

Ele cantava para o coro. As rochas se moviam. Seus vizinhos viram. A ciência ignorou.

O mesmo aconteceu no Tibete, onde um grupo de monges usava cornetas e tambores para fazer pedras flutuarem. Um médico sueco testemunhou o ritual, gravou-o e, ao regressar à Europa... o material desapareceu. Mais uma vez, o mistério foi enterrado sob o tapete do «racional».

A questão não é se isto é real. A questão é: por que é que nos custa tanto acreditar nisso?

Talvez porque tudo isso põe em causa a ideia de que o mundo se move pela força bruta. Talvez porque nos lembra que não é preciso empurrar para transformar a forma... basta vibrar de forma diferente.

E se essas pedras puderam elevar-se com som... que parte de si também poderia elevar-se se sintonizasse noutra frequência?

Mas de que adianta falar de pedras flutuantes ou de escultores que moviam toneladas com a sua voz?

Porque estamos a entrar numa realidade impercetível para o ego. Algo que o mundo moderno nega, mas que as culturas antigas compreendiam perfeitamente: o real nem sempre é visível. E aquilo que não se vê é o que sustenta tudo o que chamamos de «realidade física».

Então, como compreender uma realidade que não pode ser vista nem compreendida? A sugestão é a mesma do início: **não tente compreender**. **Sinta**. Este capítulo nasceu para ser sentido, não explicado.

DESBLOQUEANDO UMA MENTALIDADE INFINITA

Tudo vibra. Tudo se move. Tudo se conecta. O que vimos sobre a levitação acústica nada mais faz do que explicar o que tanto você quanto eu experimentamos o tempo todo: a vibração energética e a conectividade invisível de todas as coisas.

O maravilhoso disso é que, como parte de um todo, a nossa mente se torna infinita. Infinita em possibilidades.

> «Podemos ser, fazer e ter tudo o que acreditamos que podemos ser, fazer e ter.»

CO-CRIANDO A EXPERIÊNCIA

Compreender que você possui uma mente infinita abre a porta para um mundo sem limites. Um mundo de formas infinitas de ver o que acontece... ou de criar o que você deseja que aconteça.

A partir de um nível de separação, as coisas simplesmente acontecem.

A partir de um nível de unidade, tudo o que você é acontece o tempo todo e ao mesmo tempo, porque não existe separação real. Essa separação é uma criação mental que lhe foi ensinada desde a infância. Essa é a Matrix: ela ensina a separar, rotular, classificar... em vez de integrar, que é o que realmente lhe devolve o poder que sempre lhe pertenceu: *criar*.

VOCÊ ESCREVEU ESTE LIVRO

Vamos colocar isto um pouco em perspectiva: o facto de estar a ler um livro para conhecer «a única verdade» foi uma das muitas possibilidades que existiam no universo.

Da minha perspectiva, eu escrevi este livro. Mas a verdade é que, para que você o lesse, você teve que criar esse acontecimento.

Eu não o conhecia, nem sabia que existiria um leitor que se identificaria com esta mensagem. Ao escolher o nome do livro, escolhi entre infinitas possibilidades, todas válidas, todas potencialmente reais.

A revelação é simples: **todos nós estamos a criar o tempo todo, enquanto tudo se cria a si mesmo.** É o nada fundindo-se no todo. Ou o todo manifestando-se no próprio nada.

TUDO O QUE VÊ DEPENDE DE SI

Isso é o que os cientistas chamam de comportamento de onda ou partícula na energia: sua manifestação depende de quem a observa.

Por isso, este livro pode ser, para si, profundamente revelador e conter toda a verdade... enquanto que para outra pessoa pode ser inútil, falso ou mesmo perigoso.

Quem está certo? Ambos. Nenhum. Porque tudo depende do observador.

Do meu ponto de vista, este livro contém toda a verdade, porque você já é toda a verdade que existe. Numa mente carente, este livro será carente. Numa mente aberta à totalidade, será uma chave. O maravilhoso do Todo é que cada parte representa a totalidade, e por isso a expansão torna-se inevitável quando integramos esta verdade na nossa vida e no nosso dia a dia.

> *«O universo não está fora de si: você é uma imagem completa do Todo contida numa única célula da sua infinitude.»*

NÃO SABER TUDO É LEMBRAR-SE DE TUDO

Para compreender a verdade, não é necessário saber tudo. Basta não saber nada. Ou, melhor ainda: deixar de acreditar que precisamos saber algo e permitir-nos contemplar-nos como parte da própria verdade… e então, vivê-la.

Se reparar, esta é a mesma verdade que partilhei no início do livro: para que tudo isto faça sentido, precisa de se manter humilde e num constante «não sei». É isso que torna alguém realmente sábio: reconhecer que não sabe absolutamente nada.

Como ativar a mente infinita? Deixando de pensar como humano.

Lembra-se? «Seres espirituais numa experiência humana». Mas se não tirar o véu que cobre os seus olhos todos os dias, continuará a acreditar que o real é apenas o que pode tocar, sentir, ouvir ou perceber.

À medida que ampliamos o nosso autoconceito, começamos a nos unir à infinitude, reconhecendo a eternidade da nossa essência. Só assim podemos dar lugar a uma vida a partir de uma mentalidade infinita: sem tempo, sem espaço, sem limites.

Trata-se de dar mais espaço ao sentir do coração do que ao pensar do ego.

SOMBRAS DA REALIDADE

Como comentámos no início deste capítulo, a nossa capacidade de visão a nível espectral não chega a **0,1**%. Isso não confirma tudo o que expressámos neste livro?

Estamos muito limitados na nossa forma de enfocar e assimilar a totalidade do cosmos. Na realidade, o que o universo encerra vai muito além de todos os nossos sentidos. É desafiante dimensionar a enorme quantidade de coisas que não somos capazes de perceber. Vejamos isso de forma gráfica.

No YouTube, há um vídeo intitulado *Comparação de estrelas*, que recomendo que veja assim que puder. A seguir, deixarei apenas algumas imagens para que continue a ler sem sair do contexto, mas, sinceramente, procure-o:

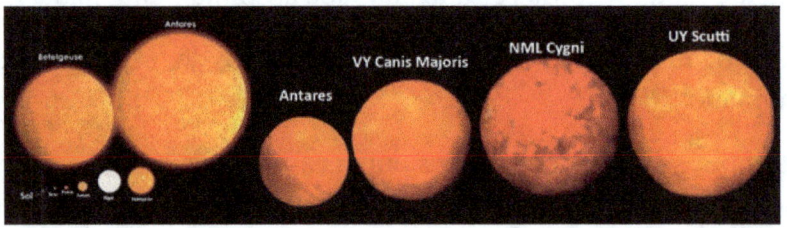

IMAGEM COMPARATIVA DE ALGUMAS DAS MAIORES ESTRELAS CONHECIDAS EM COMPARAÇÃO COM O NOSSO SOL

Mesmo o sol, que é **1.294.000 vezes maior que a Terra**, fica minúsculo — quase inexistente — quando comparado com algumas das maiores estrelas que conhecemos. E mesmo assim, essas não são as maiores. Em escala universal, tanto o Sol como a Terra praticamente não existem. Agora... imagine você e eu nessa proporção. Imaginá-lo seria, para alguns, uma piada sem graça.

Sob essa comparação, não é lógico pensar que lá fora existem naves e até seres muito maiores do que nós? Talvez dezenas ou centenas de vezes maiores.

Veja esta imagem:

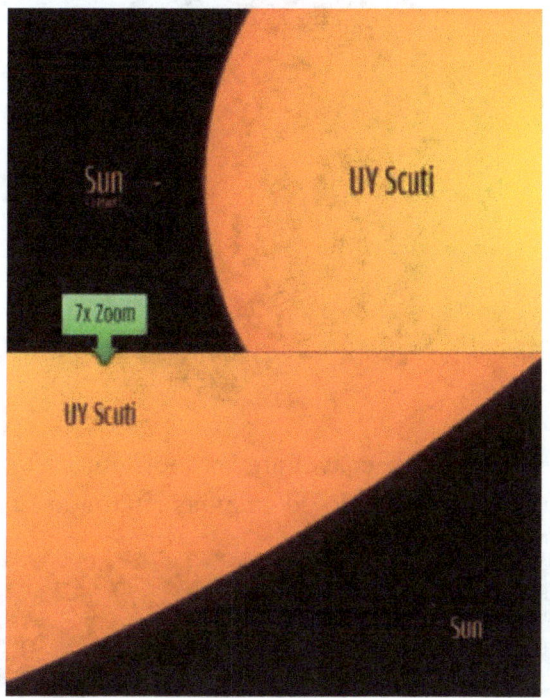

O Sol em comparação com UY Scut

Esta estrela é uma das maiores estrelas da nossa galáxia. E ressalto: *apenas* na nossa galáxia.

Portanto, se ainda tem a tampa do crânio a segurar o cérebro, segure-a com força... porque com as imagens a seguir, ele pode escapar.

Lembra-se quando falámos sobre **os 0,0035% de percepção**? Bem, o que está a ler agora faz parte daqueles outros **99,9965%** que sempre estiveram lá, à espera de serem reconhecidos.

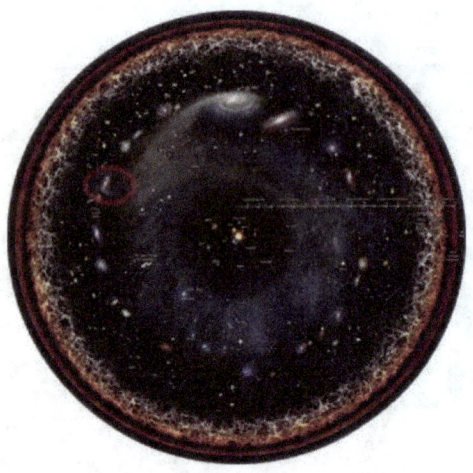

Este é o **universo observável** até ao momento. O círculo vermelho marca o aglomerado de galáxias chamado **Laniakea**.

Dentro de Laniakea encontram-se mais de **100 000 galáxias**, incluindo a Via Láctea.

E aqui, nessa Via Láctea, um ponto branco indica o nosso sistema solar. Uma galáxia com uma massa estimada em 10 elevado a 12 massas solares.

Daí descemos: do sistema solar ao planeta Terra, da Terra ao seu país, do seu país à sua cidade, da sua cidade ao seu bairro, do seu bairro à sua rua... e, finalmente, à sua casa.

A esta altura, você merece parar e respirar.

Sei que este livro é fácil de ler porque estes temas o apaixonam, mas não o guarde só para si. Partilhe-o. Fale sobre isso. Não deixe a verdade estagnar. Quebre a Matrix com a sua voz.

Quando compreendemos em que ponto do universo estamos, tudo faz sentido... e nada faz sentido ao mesmo tempo. Pense nisso: se você e eu somos praticamente inexistentes em escala galáctica, por que não haveria de existir planetas cem vezes maiores, com seres de 15, 20 ou até 100 metros de altura? Ou naves que fazem os nossos arranha-céus parecerem brinquedos?

Pode parecer absurdo se pensar nisso como uma ideia isolada. Mas com todo o contexto que agora tem, ainda parece impossível? Se não é nada, mas ao mesmo tempo faz parte do Todo... o que não seria possível ser, fazer ou ter para si?

A VERDADE JÁ ESTÁ EM TI

Agora você sabe. Você está a viver isso. E para que essa verdade se expanda — e você com ela — a sua tarefa é compartilhá-la.

Para conhecer a verdade, basta viver. E para aprender a viver, você tem todo o primeiro capítulo deste livro. A alma começa a viver quando você deixa de vagar à deriva e assume a responsabilidade de estar vivo.

Agora vamos seguir em frente. Porque há algo mais. Algo que está acima de tudo e de todos. Algo que não entende de espaço, tempo ou matéria. Algo que você nunca poderá compreender a partir do ego... mas que é a única coisa que o mantém vivo.

Vou contar-lhe a verdade sobre **Deus**, de uma perspectiva que talvez nunca tenha considerado. Vamos integrar, de uma vez por todas, o nada e o tudo.

A VERDADE DE DEUS

A partir deste ponto, as palavras deixam de ser explicações e tornam-se chaves. O que está prestes a ler não se compreende com a mente... reconhece-se com a alma. E se não compreender alguma coisa, não importa, porque não veio aqui para compreender: veio para recordar. Quando algo vibra dentro de si, mesmo que não saiba porquê, é porque já sabia. Apenas se tinha esquecido.

No livre arbítrio em que nos movemos, temos a capacidade de decidir. Mas, quer o ouçamos ou não, quer o vejamos ou não, quer o sintamos ou não, Deus está sempre presente. E não pense n'Ele como algo que se possa pensar: não é possível. Repito, tentar conectar-se com estas palavras a partir da mente racional implicaria a sua destruição. O que lê aqui pode parecer loucura, e tem toda a liberdade de sentir isso. Mas diga-me: acha que eu poderia ter escrito este livro se não o estivesse a ler? Se responder que sim, como saberia então que este livro existe? E se não existisse, como poderia tê-lo escrito? Nessa paradoxo está a marca de Deus.

NADA É POR ACASO

Todos os processos que ocorrem no mundo são fruto da nossa mente infinita. Nada acontece «porque sim», nem há nada por acaso. Há sempre algo anterior que o sustenta. A esse anterior podemos chamar Deus, sincronia, inteligência infinita, divindade.

No início, eu me identificava mais em chamá-lo de "o universo", "a energia", "a vida", porque durante muito tempo associei "Deus" à figura rígida que o cristianismo nos vendeu, já que nasci nessa cultura. Mas você sabe: existem mais de duas mil religiões conhecidas e, em última análise, cada ser humano inventa a sua própria. Porque não existe uma única forma de ver as coisas.

Sim, é curioso que isso seja dito por alguém que escreveu um livro intitulado *A Única Verdade*. Aí, precisamente, está a chave deste encontro: você lê *A Única Verdade*, eu acredito estar a escrevê-la. Você pensa que essa verdade é minha; eu acredito que é você quem pode descobri-la.

Somos apenas parte de um mesmo pensamento dividido, porque ainda acreditamos que lá fora alguém nos ouve, ou que há alguém a quem ouvir. Criei-o para que lesse este livro, embora, no fundo, o tenha escrito para mim mesmo.

Qual é a diferença entre você e eu? Muitas? Talvez. E agora, novamente: qual é a diferença entre você e eu? Na verdade, nenhuma.

Somos duas gotas separadas, acreditando que não fazem parte do imenso oceano que as sustenta. É assim que jogamos este jogo a maior parte do tempo.

O próprio pensamento que origina a pergunta é o que guarda a resposta, porque ambos já existem no pensamento. Tudo está intimamente correlacionado. Os pensamentos são ouvidos e ressoam pela eternidade na fonte infinita de consciência à qual todos pertencemos.

Essa consciência, essa omnipotência, é Deus. O que não entendemos, o que não compreendemos, o que sentimos. O que nos faz abrir os olhos todos os dias sem saber como, o que nos leva a dormir sem perceber. Essa conexão imperceptível que sustenta tudo.

Depois de muito tempo ouvindo diferentes versões sobre Deus e a existência, finalmente cheguei a uma base sólida sobre a criação. Sempre quis saber o que há por trás do tudo e do nada, e o que os une. E então descobri um novo começo, o começo que revela que...

O MUNDO FOI CRIADO A PARTIR DA VIBRAÇÃO

E essa vibração é som puro. Talvez muitos dos que lerem estas páginas se considerem ateus, e talvez outros sintam que há algo além que não tem explicação. Seja qual for o lugar em que você esteja ao ler isto, o que se segue vai muito além do que você alguma vez concebeu sob a palavra «Deus».

> «Tudo foi criado por uma frequência original. Uma intenção vibrante, uma energia ordenadora, um impulso criativo.»

Vamos aprofundar-nos no seu ser. Acredito que isso seja necessário para estabelecer uma consciência clara que lhe permita, a partir de agora, continuar a jogar o jogo da vida a partir de outro nível. Já falámos de muitos temas, mais ou menos controversos, mas se conseguir sentir o que esta parte contém, tudo o que leu antes será apenas um complemento da sua própria existência.

Verá que não precisará mais procurar, que não haverá verdade lá fora nem necessidade de continuar buscando respostas. Esta última parte poderia ser um livro inteiro, mas daqueles que precisam de poucas páginas para revelar o essencial, porque chega um ponto em que as palavras se tornam desnecessárias.

Só direi uma coisa: quanto menos entender com a mente o que ler aqui, mais terá compreendido... porque esta mensagem não vem de mim para si, mas de si mesmo para si mesmo.

Vamos então abrir algumas portas da realidade que sustenta este mundo.

Porta 1: O som como criador de forma

Erik Larson criou uma máquina que lhe permite «ver» o som. Sim, ver com os olhos o que normalmente só se ouve. Este aparelho, conhecido como Cymascópio, utiliza água e vibrações para mostrar como cada som gera uma forma. Como se cada nota musical desenhasse um mandala invisível na água. Parece magia, mas é ciência: o som deixa marcas, mesmo quando você não o vê.

Estas são algumas das imagens obtidas com o Cymascópio:

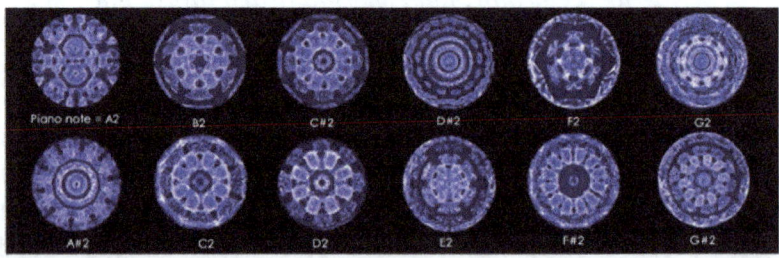

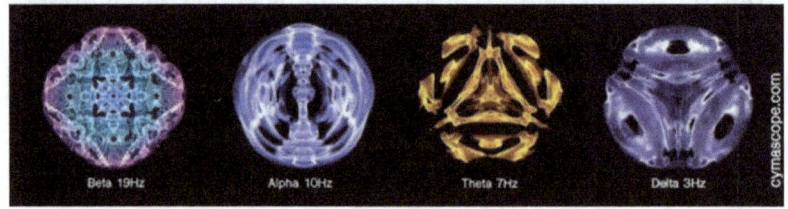

O Cymascópio não produz sons, ele os revela. Funciona como um tradutor que converte o invisível em visível, deixando padrões que parecem pinturas feitas pela música. Isso é chamado de "música visível", porque você pode literalmente ver como ela soa.

E se ainda é difícil imaginar como uma vibração pode dar origem à matéria, basta lembrar um dos textos mais antigos que a humanidade conserva:

«Haja luz, e a luz apareceu...» *(Génesis 1:3)*

A luz não surgiu por acaso: surgiu porque foi pronunciada. O som a chamou. E esse padrão atravessa tudo: o que você nomeia é ativado, o que vibra se manifesta.

Noutra demonstração do Cymascópio, foi projetada a voz humana, e recomendo ver esse vídeo no seu site oficial (Cymascope.com). Lá pode observar-se como a própria voz tem poder criador, da mesma forma que cada pensamento que abrigamos. Por isso, estar consciente dos nossos pensamentos transforma diretamente a nossa energia.

Acredita-se até que algumas das formas geradas pelo Cymascópio inspiraram símbolos religiosos como a **Cruz Copta** ou a **Cruz Celta**.

Cruz copta e Cruz Celta

O círculo interior dessas representações indica claramente que os antigos sabiam que a fonte da criação era o próprio som, e o utilizaram nos seus sistemas simbólicos e espirituais.

O poder do som é tão evidente que permitiu a **Royal Raymond Rife** curar pacientes com cancro, da mesma forma que — como já explorámos — teria permitido erguer muitas das construções megalíticas que ainda hoje intrigam arquitetos e engenheiros.

Se o som pode formar padrões perfeitos na água... imagine o que ele faz no seu próprio corpo, composto principalmente por água.

Cada palavra que pronuncia esculpe o seu campo energético. Cada emoção que vibra, cada pensamento que repete, molda a sua realidade com precisão matemática.

Você não apenas emite som: **você é som em movimento**.

Este princípio não é teórico. É prático. É cotidiano. E por isso é sagrado.

Os antigos sabiam disso. Aplicavam-no na sua arquitetura, nos seus símbolos, nos seus cantos, nas suas línguas. Hoje, nós, , esquecemo-lo, mas basta voltar a olhar para o invisível para nos lembrarmos disso.

A pergunta que fica é simples:

Que frequência está a gerar com a sua voz, os seus pensamentos e a sua presença? Porque se não o escolher conscientemente... alguém já o está a escolher por si.

E não só isso. Se não se responsabilizar pelo que permite entrar no seu campo energético — o que ouve, o que vê, o que consome — continuará a programar-se sem sequer perceber por que é como é, por que pensa o que pensa ou por que tem o que tem. O mais curioso de tudo é que 98% da humanidade ainda acredita que os seus pensamentos são próprios.

A verdade é outra: se vive num ambiente onde o doce é a norma, o seu desejo por gelado não nasce do seu «gosto pessoal», mas da programação constante que normalizou o açúcar como recompensa ou prazer. Se no seu trabalho todos se queixam, falam de crise e repetem que «a vida é dura», pode acreditar que os seus pensamentos de escassez são seus... quando na verdade são ecos do ambiente. Se nas suas relações o habitual é a manipulação , a dependência ou o drama, as suas ideias sobre o amor não são livres: são moldes herdados.

E o exemplo mais evidente está à sua frente todos os dias: as redes sociais. Basta olhar o histórico do Instagram ou TikTok de qualquer pessoa para saber o que ela vibra, o que deseja e o que a condiciona. Se você se cerca de conteúdo vazio, danças, consumo ostensivo ou polémicas, é isso que programa a sua mente. Não são simples vídeos: são microdoses de programação que moldam os seus desejos, as suas crenças e até o que você considera possível para a sua vida.

Por isso, não se trata apenas do que você diz. Trata-se do que você recebe, do que aceita e do que consome diariamente. O seu campo energético esculpe a sua realidade com precisão matemática. Se você não o escolhe conscientemente... alguém já o está a escolher por si.

Porta 2: A água, o espelho de Deus em si

Pense nisto: quando entra no mar, num rio ou num banho quente... algo se ordena. A mente acalma-se. A clareza aumenta. Surgem ideias. O corpo volta para casa. Não é por acaso. A água não só limpa: restaura o canal. E esse canal é você.

Se o som é a ferramenta de criação, então a água é a matéria mais pura para recebê-lo. E você é água. Não como metáfora, mas literalmente. O seu corpo físico é mais de 70% água. E se contarmos moléculas, 99% do que o compõe também é. Mas essa água não está aí por acaso: está à espera de ordens. Ordens que dá com a sua palavra, a sua emoção, o seu pensamento e a sua intenção.

Sempre que diz algo, sente algo ou acredita em algo, está a informar a água que habita em si. E essa água guarda memória, transmite vibração, estrutura a sua energia. Por isso, quando ouve música, reza, afirma ou amaldiçoa, não está a fazer algo simbólico: está a reprogramar a sua biologia vibracional em tempo real.

Já reparou que as suas melhores ideias surgem no chuveiro, na praia ou debaixo da chuva? Agora compreende porquê. A água afrouxa o controlo. Reduz as ondas mentais. Sintoniza-se com a sua essência. Nesse estado de coerência interna, o verdadeiro aparece sem resistência. Não é que a água lhe dê respostas: é que lhe permite recordá-las.

A natureza vibra a uma frequência base de 432 Hz. É a mesma que ressoa nos sons do vento, nas cascatas, nos batimentos de um coração calmo. Essa frequênci — quando a ouve, a canta ou simplesmente a habita — alinha-o com o pulso original da vida. O que a religião chama de Deus, o que a física chama de coerência, o que a sua alma reconhece como lar.

Se é feito de água, e a água responde à vibração, então não há mistério: cada palavra que pronuncia, cada intenção que sustenta, está a moldar o seu corpo, o seu campo, o seu dia e o seu destino.

> «*O universo não o ouve quando grita. Ouve-o quando vibra. E cada vez que vibra com verdade, a água dentro de si sabe disso. E cria.*»

Porta 3: O elétron não é matéria, é vibração

Veja esta imagem:

ELÉTRONS IONIZADOS EM DIFERENTES FASES DE LUZ. IMAGEM CAPTURADA POR J. MAURITSSON ET AL., 2008.

À primeira vista, parece uma foto, mas não é. O que vemos é uma imagem estroboscópica de um elétron ionizado por pulsos de luz em diferentes fases. O que observamos não é uma partícula em repouso, mas uma dança energética: uma resposta vibratória ao campo de luz que a atravessa.

Onde está a partícula? Não está. Porque não existe tal coisa como uma «forma fixa» na base da criação. O que vemos aqui é uma frequência a responder a outra frequência. Uma vibração moldada por outra vibração.

Isto não é uma metáfora espiritual. É ciência. É física quântica. É uma imagem que desmonta a ilusão de que a matéria é algo sólido. **Mesmo o elétron, suposto tijolo da realidade, não é mais do que uma onda em movimento. Um eco de intenção.**

Tesla foi claro na sua posição: expressou em várias ocasiões o seu desacordo com a teoria atómica da matéria. Alguns registos citam-no afirmando que não acreditava no elétron tal como descrito pela ciência moderna, mas considerava a matéria como uma manifestação de energia mais complexa, regida por princípios vibracionais que ainda não compreendemos totalmente.

Einstein também questionava isso. Ele apontava que, se o elétron existisse tal como descrito pela teoria clássica, as suas próprias forças internas deveriam fazê-lo colapsar ou desintegrar-se... a menos que existisse alguma outra força não contemplada. Em outras palavras, ele advertia que a compreensão do elétron era insuficiente e que provavelmente interpretávamos mal um dos pilares da matéria.

Ele, juntamente com muitos outros cientistas, inventores e investigadores dos últimos dois séculos, levantou sérias objeções à ideia tradicional do elétron e da estrutura atômica imposta sistematicamente no sistema educacional.

A maioria aceita isso como verdade apenas porque acredita que quem ensina «sabe mais» ou «não poderia mentir para nós». Mas a história nos mostra outra coisa.

Por que isso importa?

Porque se o elétron — esse suposto tijolo da matéria — não é uma partícula fixa, mas uma vibração... então você também é. E se você é vibração...

então não é uma coisa. Não é um corpo fixo, nem um objeto sólido perdido no espaço. É pura frequência. É um padrão dinâmico, como uma música que só existe enquanto é tocada. Uma onda que se desdobra em movimento.

E o que isso significa na sua vida cotidiana? Que tudo o que você emite — pensamentos, emoções, palavras — altera a sinfonia do seu campo energético. A sua saúde, as suas finanças, os seus relacionamentos e até mesmo a clareza do seu propósito não dependem de empurrar coisas para fora, mas de mover a frequência que sustenta essas coisas.

Mudar a vibração não é uma metáfora poética: é a ciência mais real que existe. A física quântica já não descreve os elétrons como «tijolos» da matéria, mas como probabilidades e ondas que respondem ao observador. Se a base da matéria vibra, você também vibra.

A partir de agora, pare de se perguntar apenas «o que tenho que fazer?» e comece a se perguntar: «O que aconteceria se eu começasse a viver cada dia como vibração, em vez de como coisa?»

Porque você não está aqui para soar bem diante do mundo. Você está aqui para *ressoar com a Verdade*.

Porta 4: O padrão oculto na geometria do ser humano

Um artista contemporâneo publicou um vídeo no seu canal onde mostrou como os humanos somos programas holográficos e fractais perfeitamente concebidos. Pela primeira vez, isto pode ser visto graficamente de forma muito clara, já que no vídeo se observa como três dos seus desenhos com formas fractais acabam por criar um rosto humano.

O vídeo intitula-se «Out of all things one, *and out of one all things»* e está no canal do YouTube de **Petros Vrellis**. Primeiro, apresenta estas três imagens:

Em seguida, ele une a do meio com a da esquerda, e aparece isto:

Finalmente, ao juntar a terceira, surge uma imagem nítida de uma menina pequena.

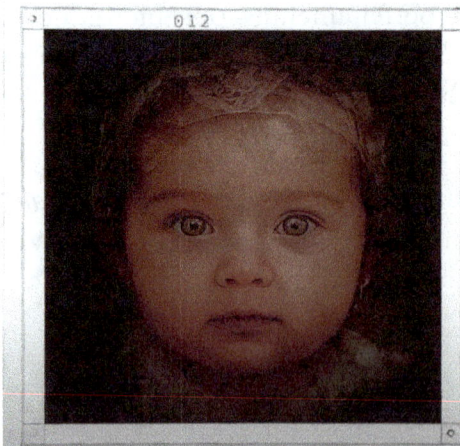

Por que isso é surpreendente?

Imagine que tem três desenhos estranhos, como teias de aranha ou rabiscos sem sentido. Ao vê-los separadamente, parecem caóticos. Mas quando o artista os sobrepõe, como se montasse um quebra-cabeças invisível... de repente aparece o rosto de uma menina. Como por magia.

É como se Deus tivesse escondido a imagem nessas formas, esperando que alguém as unisse com paciência e amor para revelá-la.

E o mais surpreendente: **nós funcionamos da mesma forma**. Somos feitos de peças invisíveis — linhas, emoções, fragmentos — e quando elas se unem, surge o verdadeiro «eu».

É por isso que às vezes não compreende o que sente ou porque é como é. Mas se aprender a juntar as suas partes, a olhar para si mesmo com amor, um dia ver-se-á completo. E isso... é lindo.

Essas formas não são coincidência. Na natureza, o semelhante se repete em diferentes escalas: galáxias que parecem olhos, nozes que lembram o cérebro humano, galhos de árvores que imitam redes neurais. Esse espelho entre o micro e o macro é uma pista silenciosa de que tudo foi criado com um padrão unificador que ressoa desde o mais minúsculo até o mais imenso.

Porta 5: As pedras falam

Durante séculos, as culturas antigas deixaram mensagens gravadas em pedra. Não eram simples ornamentos religiosos ou símbolos culturais: eram tecnologia vibracional. O som, a frequência, a geometria e a energia da Terra e d e ficaram codificados em estruturas que continuam ativas até hoje.

A questão não é se são reais, mas se estamos prontos para vê-las pelo que realmente são.

Um dos exemplos mais claros são os círculos de pedra encontrados em diferentes partes do mundo. Muitos deles replicam **padrões cimáticos**, ou seja, figuras que emergem quando uma frequência sonora vibra sobre uma superfície. Representam a vibração da Terra em pontos específicos.

Em vários casos, esses círculos foram erguidos sobre zonas de alta energia eletromagnética, e seu design reflete a forma de magnetrões: dispositivos capazes de converter eletricidade em micro-ondas. *Um magnetrão de grande escala poderia gerar mais energia do que todas as usinas elétricas do planeta.*

No sul da África existem milhares deles. O mais famoso é o **Calendário de Adão**, em Mpumalanga, África do Sul: um círculo de pedra com cerca de 30 metros de diâmetro, cuja antiguidade é estimada em mais de 75.000 anos. Muitos pesquisadores acreditam que todos os círculos de pedra d m da região estão conectados e que suas frequências convergem neste ponto central.

Calendário de Adão, África do Sul.

Este tipo de evidência muda completamente a narrativa. Não se tratava de «civilizações primitivas», mas de culturas que compreendiam as leis da vibração e da energia melhor do que nós. Sabiam que a pedra armazena informação, responde ao som e amplifica a energia. Não a usavam porque era a única disponível, mas porque era a mais eficaz.

A estrutura de **Borobudur**, na Indonésia, não é apenas um templo: é uma máquina construída em pedra. A sua simetria e e responde ao movimento do Sol e à vibração do solo. Está alinhada para cumprir uma função precisa.

BOROBUDUR, INDONÉSIA

Stonehenge, embora hoje esteja parcialmente reconstruído, mantém um design baseado na ressonância e na simetria. Não foi erguido apenas para observar as estrelas, mas para interagir com frequências invisíveis.

Stonehenge, Inglaterra

Se comparar imagens aéreas de templos antigos com placas de circuitos modernas, verá que o padrão se repete. Não eram locais de culto no sentido tradicional: eram **sistemas energéticos**, placas de frequência em grande escala projetadas para receber, amplificar e distribuir energia. Como qualquer tecnologia faria… mas com um conhecimento que só agora começamos a intuir.

O mesmo acontece com as pirâmides. E com **Sacsayhuamán**, no Peru, cuja estrutura vista do ar não parece uma fortaleza, mas um circuito impresso.

Sacsayhuamán, Peru

Agora, o que tudo isso tem a ver com a sua vida cotidiana?

Tudo.

Se essas estruturas eram tecnologia vibracional, isso significa que a Terra está a emitir códigos o tempo todo. A mensagem é clara: se a pedra pode armazenar informação e ressoar com o som, o seu corpo também.

Você é uma antena. Cada palavra que pronuncia, cada emoção que sente, cada pensamento que tem, está a moldar o seu campo energético da mesma forma que essas construções moldavam o campo do planeta.

Isso implica que a sua casa pode ser um templo. Que o seu corpo pode funcionar como uma pirâmide ativa. Que a sua rotina diária, se estiver bem alinhada, se torna uma ferramenta de manifestação.

E não é simbólico: é literal.

O seu corpo também tem um campo eletromagnético, mensurável e real, que se expande ou se contrai de acordo com o seu estado emocional. O medo contrai-o. O amor expande-o. **O campo do coração pode ser até cinco mil vezes mais forte do que o do cérebro.** E não apenas vibra: modula a realidade ao seu redor.

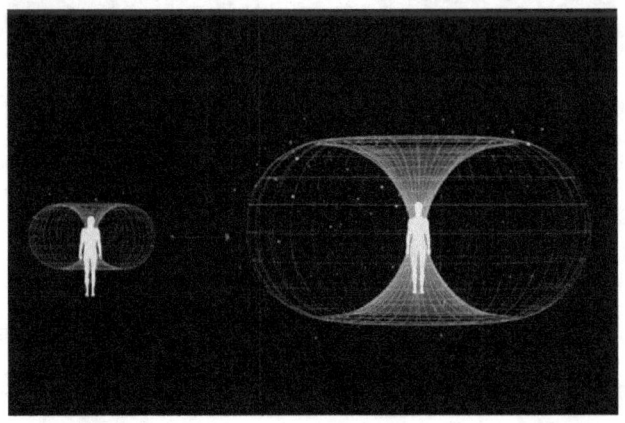

Esquerda: o medo contrai. Direita: o amor expande.

Este mesmo princípio que as civilizações antigas usavam com pedra e som ocorre dentro de si. A diferença é que agora você sabe disso. E quando há consciência, há poder.

Então, a verdadeira questão não é: «por que nos mentiram sobre as estruturas antigas?», mas sim:

— Estou disposto a projetar a minha vida como um sistema energético alinhado com a Fonte?

— Estou pronto para ordenar a minha mente, as minhas emoções e as minhas ações como faria um construtor sagrado?

— Estou a viver como um canal... ou como um obstáculo?

Porque, no final, a verdade não é transmitida com palavras.

Ela é transmitida através da vibração.

Porta 6: Tecnologia vibracional real

Já vimos que a Terra vibra. Que o som dá forma. Que as pedras podem armazenar informação. Mas quero enfatizar que o mais poderoso não é que o universo tenha uma vibração... mas que você também a tem. Porque você não é apenas parte da criação: você também cria. Todos nós fazemos isso, estejamos conscientes ou não. E isso acontece através do pensamento, porque cada coisa que passa pela sua mente tem uma frequência.

Não somos apenas antenas que recebem informação; também a sustentamos e expandimos. Isso significa que você não está aqui apenas para sobreviver: está aqui para sintonizar. Para escolher com que campo quer se conectar.

Ao longo da história, alguns seres humanos conseguiram algo que parece impossível: viver conectados com a Fonte sem interrupções. Não porque fossem especiais, nem porque acreditassem em algo externo, mas porque se lembraram de quem eram e agiram a partir desse lugar, sem distrações.

Um deles foi Jesus. Mas esqueça a imagem que lhe venderam. Jesus não veio para ser adorado. Ele veio para que nos lembrássemos dele em nós mesmos. Quando ele disse: *"Eu sou o caminho, a verdade e a vida. Ninguém chega ao Pai senão por mim"*, ele não estava a falar de si mesmo como pessoa. Ele estava a falar do estado em que vivia: unidade total, Amor consciente, Presença sem separação.

E ele não foi o único revolucionário. Krishna expressou isso de outra forma: «Quando um homem vê todos os seres como se fossem ele *mesmo, então não há mais medo.*» Buda foi igualmente claro: «Não há caminho para a paz... a paz é o caminho.»

No México, Pachita, canalizando Cuauhtémoc, curava corpos com uma faca enferrujada e uma certeza: não era ela quem curava, era o Amor operando através dela.

Rostos diferentes. Nomes diferentes. A mesma frequência...

> *"O caminho não é uma fé. É coerência. A verdade não é uma ideia. É vibração. A vida não é apenas estar vivo. É lembrar que tudo está unido pela mesma Luz."*

Encarnar o Cristo, o Krishna, o Buda ou o espírito de um antepassado não é repetir o seu nome: é viver a partir desse estado. Sim, a palavra tem poder. Ao pronunciar esses nomes, traz a sua energia para o presente. Mas o verdadeiro impacto não está na palavra em si, mas em quem a diz, com que intenção e a partir de que nível de consciência.

Quando escolhe esse estado, já não precisa de "chegar" ao Pai. Porque nunca se foi. O Amor não é um caminho para Deus: é o reconhecimento de que nunca houve separação.

Agora vamos aprofundar um pouco mais para unir esses pontos. De acordo com o Dr. David R. Hawkins, tudo no universo vibra em uma escala mensurável. O que sentimos, pensamos, dizemos e sustentamos cria um campo. Jesus, como consciência, calibrou acima de 1000, o máximo da escala da consciência humana. Não como personagem religioso, mas como estado puro de unidade com o Ser.

Por isso, pensar nele, falar dele ou invocar o seu nome a partir do Amor — e não do medo — eleva imediatamente a sua frequência.

Frases como «Pelas suas chagas sou curado», «Tudo posso naquele que me fortalece» ou «Em nome de Jesus eu ordeno...» não são orações vazias. São *comandos vibracionais.* Chaves. Não porque Jesus seja um amuleto, mas porque o campo que se ativa quando vibra com essa certeza transforma a sua energia de forma literal.

E por que não acontece o mesmo com Krishna ou Buda? Não porque eles tenham menos poder — eles também calibraram cerca de 1000 na escala da consciência, um nível altíssimo de devoção —, mas porque o seu campo cultural não está tão presente no inconsciente coletivo do Ocidente. Se você cresceu vendo imagens de Jesus curando, perdoando, ressuscitando, seu corpo, sua mente e seu campo emocional já estão programados para sintonizar com essa vibração. O mesmo ocorre na Índia com Krishna, ou na Ásia com Buda. O que ativa o milagre não é o nome em si, mas a sintonia entre a sua intenção e a frequência com que você invoca.

No Japão, por exemplo, o mantra **"Namu Myōhō Renge Kyō"** (que pode ser entendido como "eu me dedico e me alinho com a Lei mística do Sutra do Lótus") do budismo Nichiren não é apenas uma repetição mecânica: é a vibração que alinha o praticante com a Lei Universal do Dharma, com a energia criadora que sustenta toda a existência.

Na China, a prática do **Qigong** e os cantos taoístas funcionam da mesma forma: o som não é um adorno, é energia condensada em vibração, que desbloqueia o fluxo do Qi e o harmoniza com o Tao, a fonte da ordem cósmica.

O princípio é sempre o mesmo: não importa a língua, a tradição ou o símbolo. O que abre a porta não é a palavra e , mas a vibração consciente com que é pronunciada.

É por isso que Hawkins dizia que o importante não é a quem se reza, mas *a partir de que nível de consciência se faz isso*. Quem reza a partir do medo diminui a sua frequência, mesmo que use o «nome correto». Quem vibra a partir do Amor transforma o seu campo, mesmo sem pronunciar uma palavra.

Isto não é religião. Nem superstição. É **tecnologia vibracional real**, e está ao alcance de qualquer pessoa que escolha usar a sua palavra com verdade.

Não precisa rezar a ninguém para se conectar com Deus. Mas se o nome de Jesus, Krishna, Maria, um mantra, uma cruz ou uma palavra o eleva... use-o. Não porque seja mágico, mas porque está a escolher vibrar com consciência. E a consciência, quando é autêntica, transforma absolutamente tudo.

A última porta: as 5 faces de Deus

Você não apenas vibra. Você é feito de vibração. Cada parte do seu corpo é uma expressão concreta da energia que sustenta o universo. Não é um símbolo: é uma estrutura viva que reflete a mesma inteligência que forma as galáxias. E essa estrutura é composta por cinco princípios essenciais: **os elementos.**

O éter é o espaço que contém tudo. Não se vê, não se toca, mas está em toda parte. É o que permite que a vibração se manifeste. É o campo invisível onde ocorre a criação. Quando sente algo real sem poder explicar, está conectado com o éter.

O ar é o primeiro ato da vida. Respira sem pensar, mas cada respiração é uma entrada e saída de presença. Sem ar, não há consciência na matéria.

CONHEÇA A ÚNICA VERDADE

A água é o seu principal componente. O seu corpo, as suas emoções e a sua memória são feitos de água. E a água responde à vibração que sustenta. Cada pensamento, cada palavra, cada emoção estrutura a qualidade dessa água. É por isso que o que pensa e sente não se perde: fica impresso.

O fogo é a energia que o move. É a vontade de transformar, a paixão, a decisão, o impulso para o verdadeiro. Não está fora: está no seu coração, no seu campo elétrico, no desejo profundo de viver com propósito.

A terra é o seu corpo. Não como algo separado da alma, mas como sua manifestação. Os seus ossos são estrutura. A sua pele é fronteira. A sua digestão, inteligência. A terra é o altar onde tudo o resto toma forma. E ao habitar o seu corpo com consciência, torna sagrado o quotidiano.

Esses cinco elementos não são conceitos espirituais isolados. São a forma concreta como Deus opera dentro de si. Não estão lá fora. **São você**. O som, a respiração, a emoção, a energia, o corpo: todos fazem parte da mesma consciência encarnada.

Se alguma vez se perguntou como é Deus... olhe para si mesmo.

Não com o ego, mas com presença. Porque: **Deus não se esconde**. Ele se repete.

Agora que sabe que é feito dos mesmos elementos que sustentam a vida, observe-o. Não com o intelecto, mas com clareza.

> *«Como é acima, é abaixo. Como é dentro, é fora.»* —
> *Hermes Trismegisto*

Qual imagem é a noz e qual é o cérebro?

 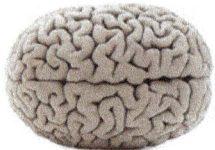

A impressão digital e o tronco de uma árvore são um pouco parecidos...

De cima, um rio desenha as nossas veias...

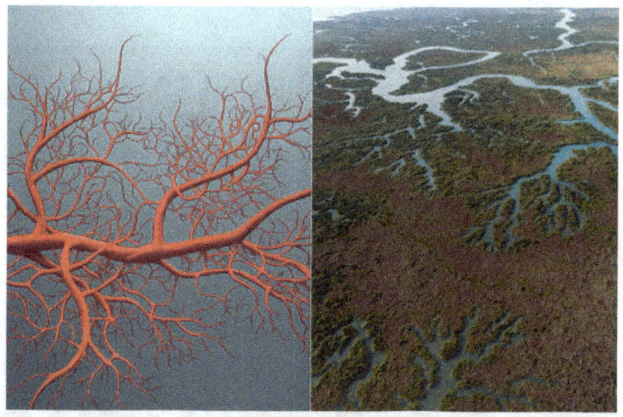

Está a ver uma galáxia ou um olho humano?

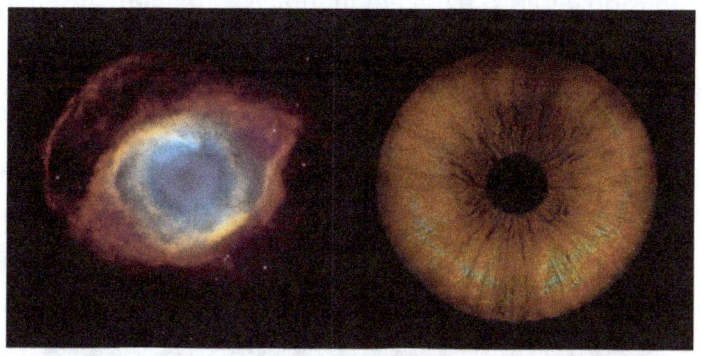

Nebulosa da Hélice e um olho humano

O nascimento de uma célula lembra o nascimento de uma estrela colossal.

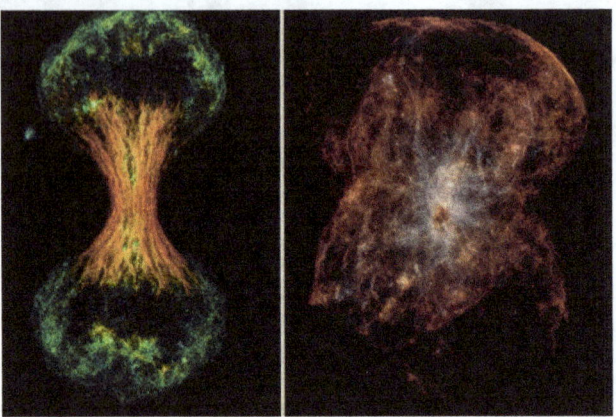

As células do cérebro parecem idênticas à imagem ampliada do universo.

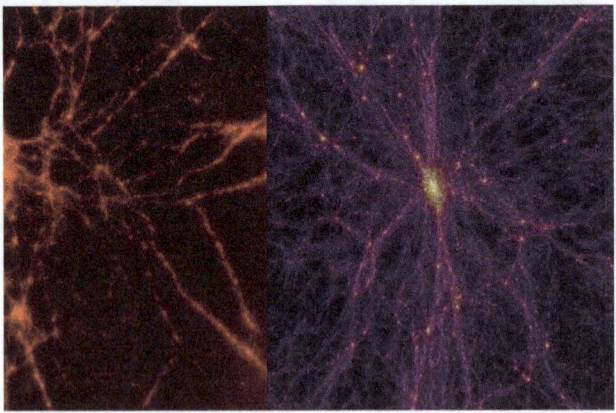

Um pulmão ou um ramo de árvore? Ambos.

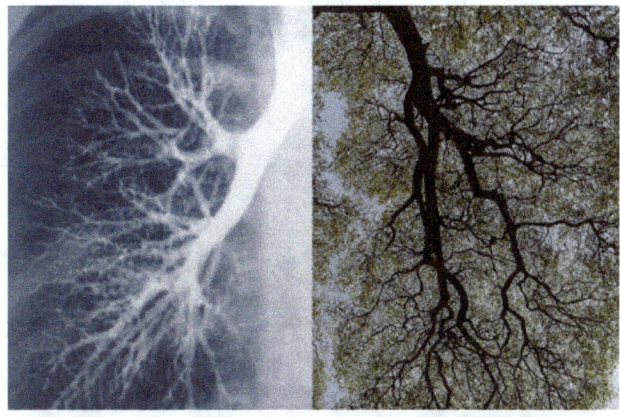

O nosso sistema nervoso tem o mesmo padrão que um raio.

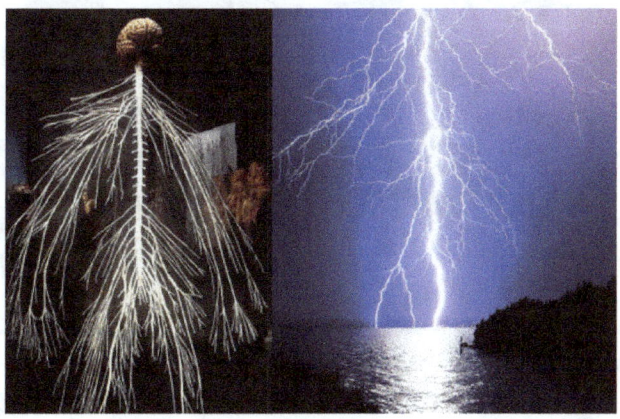

Isto é a verdadeira loucura: compreender que **somos Tudo o que existe**. Esta revelação não precisa de explicação, basta maravilhar-se, fechar os olhos e lembrar-se da Origem. A mesma Origem de uma folha, de um raio, de uma árvore, das estrelas que se vêem no céu e de qualquer pessoa que habita a Terra.

«Deus projetou tudo com a mesma geometria... portanto, também projetou você com esse mesmo padrão.»

Veja o seguinte:

Vou explicar.

Na coluna da esquerda: **A Flor da Vida**. O que você vê aqui é a evolução da Flor da Vida. Este símbolo antigo está presente em várias culturas ao longo da história, representando a interconexão da vida e a criação do universo. Ele é encontrado em lugares como o templo de Osíris em Abidos, no Egito, e também aparece na arte celta, chinesa, romana e em manuscritos medievais.

Esta coluna mostra como a energia se ordena em padrões universais. Tudo começa com a unidade... e a partir daí, a vida se multiplica seguindo uma matemática perfeita.

Na coluna central: **O universo refletido.**

Cada galáxia, nebulosa ou explosão estelar replica essas mesmas formas. Não importa a escala: o que vemos lá fora é o mesmo que vibra no plano invisível. É a prova visual de que todo o universo responde a um desenho.

Na coluna da direita: **você, desde o início.**

A célula humana, desde o seu primeiro instante, segue o mesmo padrão. O que uma estrela faz ao expandir-se, o seu corpo faz ao começar a existir.

Somos feitos com a mesma geometria que cria mundos. Não por acaso, mas porque *somos parte do mesmo Todo.*

> *«Não está separado do Todo. É uma réplica funcional e consciente da mesma Fonte que cria tudo».*

Então, quem está por trás de tudo o que você vibra, sente e lembra? Quem projetou uma realidade em que uma palavra, um símbolo ou um pensamento podem moldar a matéria?

É natural que essa pergunta surja. Mas cuidado.

Porque é aí que nos deparamos com a maior ilusão de todas: acreditar que Deus é alguém que precisa ser alcançado, definido ou encontrado.

E quando começamos a ver isso com clareza, surge uma das perguntas mais poderosas que já nos fizemos como espécie:

QUEM É DEUS E ONDE ESTÁ?

"Deus não é um lugar a ser alcançado. É o código que se repete em tudo o que já é."

O simples facto de perguntar «quem é Deus» já pressupõe uma separação. A palavra «quem» parte da ideia de que Deus é um sujeito individual, algo externo, algo que se pode apontar e definir. Mas Deus não é um objeto nem uma figura e . Deus é o Todo. Não se encontra. Reconhece-se.

Mesmo assim, usamos símbolos para nos aproximarmos dessa verdade, porque a mente precisa de imagens. Um dos mais usados tem sido a Trindade: **o Pai, o Filho e o Espírito Santo**.

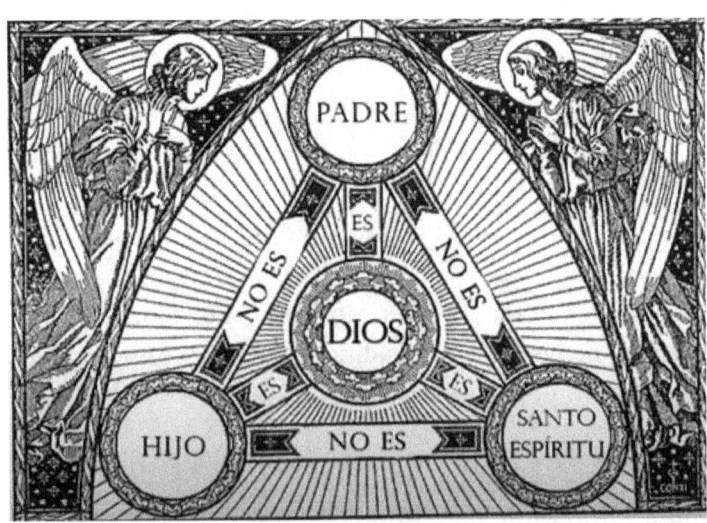

Não veja isso como um dogma. Veja o que representa:

O Pai é a **Mente Superior**: a parte mais elevada da sua inteligência, que guia sem impor, estrutura sem controlar e observa sem julgar.

O Filho é o **Corpo**: a forma física através da qual encarna, aprende, se relaciona e manifesta o seu caminho nesta dimensão.

O Espírito Santo é o **Campo Sutil**: o que não se vê, mas sustenta tudo. É a vibração que o conecta com o invisível, com a Fonte, com o eterno.

Não são entidades separadas nem algo a adorar: são aspetos de si mesmo, reflexos de um mesmo centro.

Quando a sua mente está alinhada com a verdade, o seu corpo habita o presente e o seu espírito está em conexão, aí está Deus. Não como algo externo, mas como aquilo que já é.

Então, onde está Deus? No mesmo lugar onde você está agora. Dentro e fora. Na sua respiração, no seu olhar, em cada átomo que compõe o seu corpo e em cada galáxia que brilha no céu. Não está escondido, está a expressar-se em tudo. E quando você deixa de procurá-lo como um lugar aonde chegar, reconhece-o a cada instante.

A verdadeira pergunta não é «quem é Deus?», mas sim:

«Está disposto a reconhecer que não há separação entre Deus e você?»

Tudo o que não vibra com essa certeza... não é real. É apenas uma ilusão projetada pela mente que esquece a sua origem.

O MUNDO DE DEUS É O ÚNICO REAL

«Não acredito porque vejo. Vejo porque acredito Nele.»

Depois de ler muita literatura espiritual, compreendi que não se trata de escolher entre uma coisa ou outra. Acreditar que sim apenas perpetua a separação. E cada vez que nos separamos, esquecemos. O mundo das formas é ilusório. O de Deus, não. Deus não está dividido. Deus é Um. E nesse Um está tudo.

O Pai, o Filho e o Espírito Santo não são figuras hierárquicas. São portas para uma mesma essência. Manifestações distintas de uma mesma energia operando ao mesmo tempo. É por isso que podemos vê-las: porque estão ativas. Porque estão dentro de nós.

A vida na Terra é, no fundo, um jogo de separação. Viemos para esquecer a Unidade para poder recordá-la a partir da experiência. Não se trata de nos agarrarmos ao exterior, mas de recordarmos que nunca estivemos separados. Só esse reconhecimento pode trazer a paz que tanto procuramos no exterior.

Se quiser sentir Deus, não procure mais. Vá fundo dentro de si mesmo. Ou observe a imensidão do universo. Em ambos os extremos encontrará o mesmo: um reflexo exato do que já É. Tudo foi criado à sua imagem e semelhança. Só precisa observar, tocar, ouvir e sentir a vida com presença. Isso é reencontrar a verdade que sempre esteve em si.

O ser humano tem a capacidade de questionar o incompreensível. E muitas vezes tenta chegar a Deus pela mão do ego. Mas isso nunca funciona. A mente que se acredita separada não pode se unir, porque sempre imagina que tem que «ir» a algum lugar. E não há para onde ir. Tudo está aqui. Tudo é agora. E esse reconhecimento é, por si só, o mundo de Deus.

EU SOU DEUS, VOCÊ É DEUS

Não precisa sair à procura de Deus. Você é Deus. Mas nem precisa se complicar acreditando que "você é um Deus". Simplesmente *você é*. Talvez pense: "todos nós somos". Mas mesmo esse "todos" é apenas uma ideia. Não h e "todos". Apenas você a pensar-se como parte do Todo.

Estava prestes a dizer para não acreditar em mim. Mas se o fizesse, já estaria a criar outra ideia. E você já está a criar tudo isto através dos seus pensamentos. Ninguém pode fazer nada com isso, a não ser você.

Vamos mais fundo. Acompanhe o meu raciocínio.

Talvez se pergunte: «Se Deus pode tudo, pode criar uma pedra tão pesada que nem Ele mesmo consegue levantar?»

À primeira vista, parece uma armadilha lógica:

—Se Ele pode criá-la, mas não levantá-la, então Ele não é todo-poderoso.

—E se não pode criá-la, também não é.

Eu responderia: o que você faria se tivesse esse poder?

Porque tudo gira em torno de si. O que faria, o que escolheria, o que decidiria experimentar. Essa pergunta não expande a mente; confunde-a. Porque o único que importa não é se Deus pode, mas o que você escolhe.

O paradoxo não revela uma falha em Deus, mas na maneira humana de raciocinar. Tentamos medir o infinito com uma régua finita e . Pretendemos que o absoluto se contradiga dentro dos limites inventados por uma mente limitada.

Que experiência escolheria criar se fosse Deus? Um mundo sem erros, sem caos, tudo perfeito e sob controlo? Ou um mundo livre, onde existe a possibilidade do mal, da dor, do esquecimento, da confusão... mas também da memória, do despertar e do amor consciente?

Porque é isso que temos agora: um mundo onde podemos escolher. E tudo o que vê está a ser criado por si. Mesmo aquilo que rejeita.

Quando alguém pergunta «por que Deus permite o mal?», esquece que esse Deus... é você. É você quem interpreta o bem e o mal. Fomos programados para temer a morte e rotular a vida. Mas não é necessário morrer para renascer?

Estamos tão imersos no que «temos que fazer» que esquecemos o essencial: nem sequer sabemos como vamos acordar amanhã. E, no entanto, acordamos. Como é que isso acontece? Não sabe. O mesmo aconteceu no dia em que nasceu. Exceto memórias excepcionais ou regressões, 99,9% das pessoas não se lembram de como chegaram aqui.

Essa é a verdadeira informação: não é que estejamos desconectados; é que estamos demasiado conectados à confusão. A única verdade é que não sabe, e talvez nunca venha a saber. E essa é a graça.

A vida é um jogo constante, e você joga como quiser. Alguns vão julgá-lo, outros vão se inspirar, outros vão atacá-lo. O que mais importa? É a sua vida, é a sua verdade, são as suas crenças. O objetivo principal não é nos enganar ou contar histórias de vitimização, mas assumir o controle de uma vez por todas.

Veja desta forma:

Era uma vez uma alma que despertou dentro de um jogo imenso. Ela não sabia que era um jogo. Apenas vivia, obedecia, repetia. Mas algo dentro dela começou a fazer perguntas. Perguntas incómodas. Perguntas importantes.

Com o tempo, essa alma começou a ver padrões. Pequenos sinais no ruído. Coincidências que eram demais para serem acaso. Cada passo a levava mais perto de uma intuição profunda: tudo isso tinha um desígnio. Uma lógica. Uma linguagem oculta.

Então começou a explorar o seu corpo, a sua mente, o universo, a vida inteira. Era como se cada canto tivesse pistas deixadas por um Criador amoroso que não impunha nada, mas permitia tudo.

E, quando pensava que já compreendia como funcionava o jogo, deparou-se com a pergunta mais difícil:

E se, para ver Deus, eu tiver que parar de olhar apenas para mim mesmo?

Foi então que compreendeu a chave: para ver Deus, primeiro tinha de aprender a ser humano. Com tudo. Com luz e sombra. Com carne e espírito. Com presença.

Só assim — ao encarnar a experiência completa — a alma se tornava espelho do Criador.

E o jogo, finalmente, fazia sentido.

A VERDADE FINAL

Enquanto escrevia este livro, anotei no meu caderno que desejava que outros pudessem lê-lo, porque me transmitia uma alegria pura e quase infantil ao descobrir a imensidão e a loucura do mundo em que vivemos. Loucura no melhor sentido... aquela que abala, interrompe o piloto automático e obriga a repensar quem somos e por que estamos aqui, por isso estou grato por ter chegado até esta parte da obra.

Este mundo é fantástico. Não é perfeito na mente, mas é na alma. E espero que agora que terminou de ler este livro, também possa sentir isso.

Neste jogo chamado vida, o interessante não é ganhá-lo, nem passá-lo, nem temer perdê-lo, mas simplesmente jogá-lo com presença, com dedicação... e com amor.

Você é um personagem, sim, mas também é o roteirista, o diretor e o espectador deste filme. Todos nós somos. Só que às vezes levamos isso tão a sério que nos esquecemos de rir.

Dizem que a verdade nos tornará livres... mas, primeiro, provavelmente nos deixará desconfortáveis. Estou ciente de que há capítulos que podem gerar controvérsia, perguntas ou até mesmo raiva. Não importa. Apenas lembre-se disso: a sua liberdade não depende de onde você está nem com quem, mas de como você escolhe ver as coisas. São os óculos que você escolhe usar que determinarão como será a sua experiência no seu próprio jogo.

Num mundo causal, assuma a causa e ame os efeitos, sejam eles quais forem. E depois de brincar um bom tempo no mundo da causa e do efeito, convido-o a dar um passo além: ver a vida como um tecido de sincronias perfeitas. Porque no final das contas, você já sabe: Deus não joga dados. É por isso que leu este livro. É por isso que o escrevi.

NÃO ESTAMOS SEPARADOS

Você não está separado de absolutamente nada.

Durante anos, fizeram-nos acreditar no contrário. Ensinaram-nos a ver separação, conflito e divisão. A pensar que o outro é um «outro», que o exterior não tem relação connosco. E assim fomos esquecendo a verdade fundamental: *tudo está conectado.*

A mente influencia diretamente tudo o que existe. O corpo não é «você», é uma extensão sua. Este livro que você segura também o é. As palavras não estão lá fora: estão a nascer na sua mente. E eu, que escrevi isto, só existo porque você acredita que eu existo.

É assim que funciona. Seria fácil compreender isso se essa fosse a verdade com a qual tomássemos o pequeno-almoço, almoçássemos e jantássemos todos os dias.

Mas nos contaram outra coisa.

Disseram-nos que somos finitos, que estamos separados, que somos este corpo, esta história, esta vida que nos «coube».

Mas não somos isso. Somos muito mais.

E não é uma frase poética. Não é um jogo de palavras. É uma evidência. Basta ligar os pontos. Essa é a verdade fundamental. A que sustenta tudo.

A mesma que faz com que um dia você acorde com o cotovelo inflamado e compreenda que a solução não é um comprimido, mas terminar de escrever um livro. Porque o corpo fala. A vida responde. E o sintoma não é um problema: é sempre uma mensagem.

Ninguém pode dizer-lhe como viver. Podem emitir diagnósticos, sugestões ou opiniões, mas o prognóstico dependerá sempre de si.

«A vida não é como é. A vida é como nós somos».

Criamos à imagem e semelhança do que temos em mente. Somos um com Deus porque Ele é um c m nós. Ele está em tudo: acima, abaixo, dentro, fora. Não há separação.

A linguagem serve-nos para tentar compreender, mas nem precisamos de palavras para saber isso. No fundo, já sabemos.

Só que contamos uma história a nós mesmos. Uma história útil, talvez necessária. Mas essa história já cumpriu o seu ciclo.

Vivemos o início de uma nova era de consciência. Nesta era, a Verdade não se esconde nem espera: ela se mostra assim que alguém a reconhece. E quanto mais se avança, mais sombras emergem; quanto mais brilha, mais insetos se aproximam da luz. Mas lembre-se: a sombra não aparece para detê-lo, mas para confirmar que já há luz. Vê-la é o sinal de que pode iluminá-la. E ao iluminá-la, ela deixa de ser sombra.

Esta mensagem final não é um encerramento. É uma pausa. Uma pausa inicial.

Um convite simples: sempre que vir algo «lá fora» — no seu corpo, noutra pessoa, na sua casa, no seu parceiro, no seu animal de estimação ou no mundo — faça a si mesmo uma única pergunta:

O que você ganha acreditando nisso? O que você ganha criando essa realidade?

Porque a sua realidade não é igual à de alguém na China. Nem à de alguém na Venezuela. E, no entanto, tudo vem da mesma Fonte.

Tudo o que acredita se manifesta.

E isso o devolve ao centro do seu poder. Esse poder que talvez tenha sido manipulado, suprimido ou confundido...

Mas que já não precisa continuar a ceder.

Já não é necessário continuar a procurar Deus lá fora.

Já não é necessário sustentar uma vida baseada apenas no pragmático.

Já não é necessário agir a partir do medo.

Deus está em si.

Numa flor.

No céu.

No seu corpo.

Nos seus pensamentos.

Você pensa com Deus ou pensa sem Ele? Não há mais.

A história de que o diabo pode controlar a sua vida não é verdadeira. A única coisa que pode acontecer é você descuidar os seus pensamentos. Mas afastar-se de Deus não é possível. Se você está vivo, é porque Deus está.

Então... talvez tudo se resuma a agradecer.

Obrigado por ler este livro.

Obrigado por segurá-lo.

Obrigado por se permitir recebê-lo.

Obrigado a quem o ofereceu.

Obrigado por se lembrar de si mesmo através destas palavras.

Obrigado por me criar.

Eu sou você.

E este livro...

foi apenas o eco

do seu próprio chamado.

Talvez Deus não seja uma resposta,

mas a própria pergunta respirando.

Abrace-o na memória do eterno. Que o amor o acompanhe sempre e que a paz ilumine os seus dias.

O CAMINHO NÃO TERMINA AQUI

Se este livro mexeu com algo dentro de si, não pare por aqui. Cada palavra foi semeada com a intenção de despertar, mas a verdadeira transformação começa quando essa semente se expande para além da página.

Criei um espaço chamado Escola Disruptiva, onde acompanho aqueles que desejam levar esse despertar para a sua vida prática: sair do sistema, ordenar o seu ser e construir uma realidade com propósito e liberdade. Lá, partilho ensinamentos diretos e mentorias ao vivo para aqueles que estão prontos para dar o próximo passo.

E se sentir o chamado não apenas de transformar a sua vida, mas também de compartilhar esta Verdade com outros, existe a possibilidade de se tornar um Semeador de Consciência. Isso significa que poderá recomendar esta mensagem ao mundo e, ao fazê-lo, também receberá um a prosperidade. Porque quando se semeia expansão, a vida retribui multiplicada.

O caminho continua. A escolha agora é sua.

Saiba mais sobre como pode fazer parte da Escola ou dos Semeadores, digitalizando o código QR abaixo:

MAIS LIVROS DO AUTOR

Cada obra que escrevi não é apenas um livro: é um portal para uma nova camada da sua verdade. Estes são os seus nomes para que os procure e veja qual está a vibrar consigo agora. Para ver outros títulos, aceda a disruptiveacademy.com

Conheça o único princípio

Quando tudo o que é externo desmorona, só resta olhar para dentro. Este livro não promete fórmulas: confronta-o com a raiz. «Conheça o Princípio Único» é o guia para lembrar quem você é quando não há mais máscaras para sustentar.

Calma

A única forma de entrar em contacto com a sua alma. Uma obra simples, mas profunda, para se reconectar com o essencial: o silêncio interior e a paz absoluta da criação.

O verdadeiro sentido da vida

Uma viagem rumo à compreensão profunda do porquê de você estar aqui, o que veio entregar e como lembrar da sua missão.

O poder do 60·90·60

O corpo não é um inimigo a ser corrigido, mas um templo a ser lembrado. Este livro revela a fórmula que une disciplina, presença e propósito para despertar o seu poder físico, mental e espiritual.

O Evangelho dos Ricos

Um livro que desprograma a escassez, revela os bastidores do sistema financeiro e ativa em si a frequência que atrai o dinheiro — não a partir do esforço — mas a partir da verdade.

Satseupser

As perguntas que sempre se fez finalmente têm resposta. Um livro para aqueles que buscam o mais profundo: o que é o nada? Quem somos nós? O tempo é real? A Lua é um satélite natural? De onde viemos?

MATERIAL COMPLEMENTAR PARA O SEU DESENVOLVIMENTO

Para aprofundar esta obra e continuar a sua expansão, preparámos um espaço digital exclusivo com material complementar. Lá encontrará recursos vivos: desde livros relacionados e ferramentas práticas até conteúdos audiovisuais, formações e experiências guiadas que ampliam o que aprendeu nestas páginas.

1. Digitalize o código QR.
2. Crie a sua conta gratuita na Disruptive Academy.
3. Use o **código 222** uma vez dentro e descubra os materiais disponíveis para si.

(O acesso é pessoal e pode ser atualizado com novos conteúdos de acordo com a evolução de cada obra.)

www.ingramcontent.com/pod-product-compliance
Lightning Source LLC
Chambersburg PA
CBHW070603300426
44113CB00010B/1377